Brauereigasthöfe
mit Charme

Brauereigasthöfe mit Charme

30 Privatbrauereien und ihre Lieblingsrezepte

Texte und Fotos **Chris Meier**

Inhalt

7 Vorwort

8 01 Der Name „Wirth" ist Programm
Brauereigasthof Zum Löwenbräu in Adelsdorf-Neuhaus

14 02 Genuss mit Stil und Bier von der Wiese
Lotters Wirtschaft im Hotel Blauer Engel, Aue

20 03 Von Saiblingen und Zwickelbier
Brauereigasthof Rothenbach in Aufseß

26 04 Wenn die „gute Seele" die Flinte schultert . . .
Brauerei-Gastof Eck in Böbrach

32 05 Generationen und Traditionen
Brauerei Reichenbrand mit Bräustübl in Chemnitz

38 06 Ländlich-deftig und nie langweilig
Hotel Brauhaus Stephanus in Coesfeld

44 07 Schmankerl zwischen Fels und Fluss
Flair Hotel & Brauereigasthof Schneider in Essing

50 08 Bierleidenschaft mit Ecken und Kanten+
Best Western Theodor Storm Hotel & Husums Brauhaus in Husum

56 09 Oase im Barockwinkel
Autenrieder Brauereigasthof mit ****Wohlfühlhotel in Ichenhausen-Autenried

62 10 An der Weizenbiergrenze
Brauerei Gasthof Engel in Isny im Allgäu

68 11 Hier wurden Caspar, Melchior und Balthasar neu geboren
Brauerei-Gasthof „Drei Kronen" in Memmelsdorf

74 12 Hauptsach gudd gess on getrunk
Mettlacher Abtei-Bräu in Mettlach

80 13 Brutzeleck, Zapfwinkel und Bier in Champagnerflaschen
Brauereigasthof Schäffler in Missen-Wilhams

86 14 Spanferkel auf Schienen im Blauen Land
Griesbräu zu Murnau

92 15 Weiblich ist das Bier
Brauerei-Gasthof Hotel Post in Nesselwang

98	16	Kräuterküche unterm Storchennest
		Brauerei Gasthof Schnupp in Neudrossenfeld
104	17	Bier und Bildung – bodenständig bayerisch
		1. Bier- und Wohlfühlhotel Gut Riedelsbach in Neureichenau
110	18	Erlebniswelt zwischen Wurst und Bier
		Pott's Brau & Backhaus in Oelde
116	19	Braumeister im Brandeinsatz
		Brauereigasthof Häffner in Bad Rappenau
122	20	Von der Schutzhütte zum Schlemmerhotel
		Ringhotel Der Waldkater**** in Rinteln
128	21	Am besten schmeckts an Ort und Stelle
		Huus-Braui in Roggwil / Schweiz
134	22	Gastronomischer Mikrokosmos mit Glanzlichtern
		Landgasthof zum grünen Strand der Spree in Schlepzig
140	23	Mit dem Bentley zum Bier
		Brauerei Gasthof Landwehrbräu in Steinsfeld
146	24	Schlemmereien aus der Kochbuchsammlung
		Brauereigasthof Sperberbräu in Sulzbach-Rosenberg
152	25	Der fünfte Rohstoff
		Brauerei und Gasthof zur Krone in Tettnang
156	26	Schwäbisch genießen am Fluss
		Gasthausbrauerei Neckarmüller in Tübingen
162	27	Treber für die Hirsche
		Bräu im Moos in Tüßling
166	28	Die Küche am Kocher und der grausige Kocherreiter
		Brauereigasthof zum Lamm in Untergröningen
172	29	Wellness für Leib und Magen
		Winkler Bräustüberl in Velburg-Lengenfeld
178	30	Wo die Auerochsen grasen
		Vielanker Brauhaus in Vielank
184		Rezeptverzeichnis
186		Impressum

1 Brauereigasthof Zum Löwenbräu, 91325 Adelsdorf-Neuhaus
2 Lotters Wirtschaft im Hotel Blauer Engel, 08280 Aue
3 Brauereigasthof Rothenbach, 91347 Aufseß
4 Brauerei-Gasthof Eck, 94255 Böbrach
5 Brauerei Reichenbrand mit Bräustübl, 09117 Chemnitz
6 Hotel Brauhaus Stephanus, 48653 Coesfeld
7 Flair Hotel & Brauereigasthof Schneider, 93343 Essing
8 Best Western Theodor Storm Hotel & Husums Brauhaus, 25813 Husum
9 Autenrieder Brauereigasthof mit ****Wohlfühlhotel, 89335 Ichenhausen
10 Brauerei Gasthof Engel, 88316 Isny
11 Brauerei-Gasthof „Drei Kronen", 96117 Memmelsdorf
12 Mettlacher Abtei-Bräu, 66693 Mettlach
13 Brauereigasthof Schäffler, 87547 Missen-Wilhams
14 Griesbräu zu Murnau, 82418 Murnau
15 Brauerei-Gasthof Hotel Post, 87484 Nesselwang
16 Brauerei Gasthof Schnupp, 95512 Neudrossenfeld
17 1. Bier- und Wohlfühlhotel Gut Riedelsbach, 94089 Neureichenau
18 Pott's Brau & Backhaus, 59302 Oelde
19 Brauereigasthof Häffner, 74906 Bad Rappenau
20 Ringhotel Der Waldkater, 31737 Rinteln
21 Huus-Braui, CH-9325 Roggwil / Schweiz
22 Landgasthof zum grünen Strand der Spree, 15910 Schlepzig
23 Brauerei Gasthof Landwehrbräu, 91628 in Steinsfeld
24 Brauereigasthof Sperberbräu, 92237 Sulzbach-Rosenberg
25 Brauerei und Gasthof zur Krone, 88069 Tettnang
26 Gasthausbrauerei Neckarmüller, 72074 Tübingen
27 Bräu im Moos, 84577 Tüßling
28 Brauereigasthof zum Lamm, 73453 Untergröningen
29 Winkler Bräustüberl, 92355 Velburg-Lengenfeld
30 Vielanker Brauhaus, 19303 Vielank

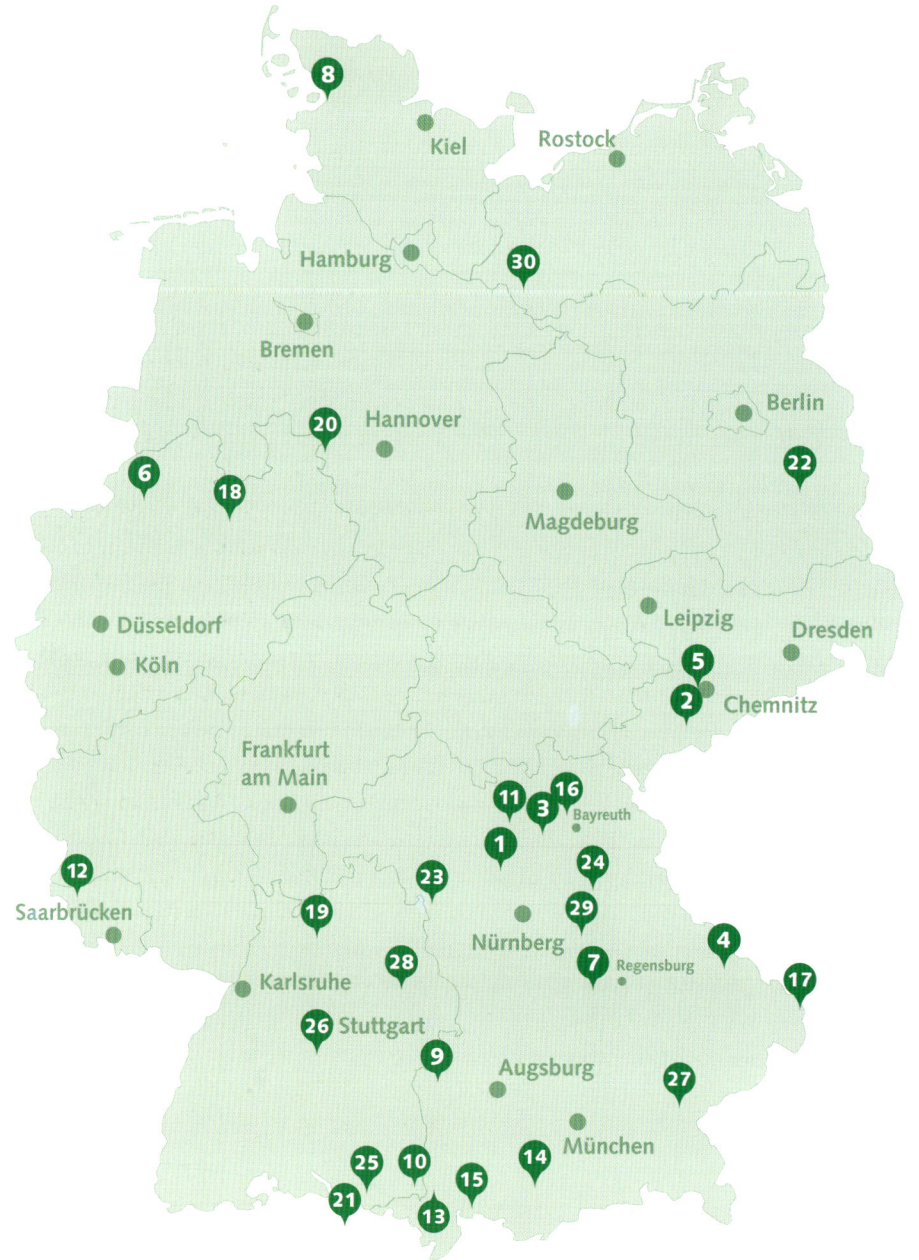

Einladung zum Genießen

Mit diesem Buch, liebe Leserinnen und Leser, will ich Sie an zwei Ihrer empfindlichsten Stellen treffen, nämlich an Gaumen und Magen. Und ich möchte Sie zu Orten und Menschen führen, die ich selbst erlebt habe und erfahren (durchaus wörtlich gemeint) konnte. Als Fotograf und Autor stand ich vor einem Großprojekt, das mich vom Schweizer Bodenseeufer nach Husum am Nordseestrand, vom Münsterländer Coesfeld bis nach Aue im Erzgebirge führen sollte. Das benötigte viel Zeit, ungezählte Kilometer – und die Lust am Reisen. Die hatte ich. Aber verständlicherweise war ich äußerst gespannt, was mir dieses Unternehmen bescheren würde – für Bild und Text wie für Gaumen und Magen.

Heute darf ich sagen: der Tisch war mit vielfältigen Gaumengenüssen gedeckt und die Reise war reich an spannenden Begegnungen mit Menschen, die mir Einblick in ihre Arbeit und ihr Leben gaben und mich gastlich bewirteten. Eine bunte Vielfalt an handwerklich gebrauten Bieren gab den süffigen Begleiter zu herzhaften Schmankerln traditioneller Hausmannskost wie zu Speisen der leichten Küche – hie und da auch mediterran inspiriert. Die kulinarische Bandbreite macht Appetit und reicht vom Bachsaibling oder Felchen über würzigen Wurstsalat, zartes Wildbret bis zu hervorragend zubereitetem Brauersteak, Nierle mit herrlicher Sauce oder knuspriger Schweinshaxe. Denn in den Küchen stehen Köchinnen und Köche mit Ehrgeiz. Sie verwöhnen ihre Gäste mit Können und Liebe zum Produkt.

Doch ohne Bier ging nichts. Weder im Glas noch auf dem Teller. Nicht ohne Grund sind alle im Buch aufgeführten Betriebe Mitglieder im Verband Privater Braugasthöfe, einem Zusammenschluss von meist kleinen aber feinen Brauereien mit eigenem Gasthof, wo das Bier noch nach alter Handwerkskunst gebraut wird und auch so schmeckt. Nämlich eigenständig, immer wieder anders – eben handgemacht. Dies war das eigentliche Highlight meiner bierigen Reise. Hier war Bier nicht zum Durstlöscher degradiert, hier konnte ich Biere mit Geschmack erleben und genießen – weitab der flach gespülten Seen von Fernsehbieren, die mehr oder weniger alle ähnlich schmecken. Dies sollte auch für Sie ein spannender Versuch sein: Trinken Sie Bier einmal mit Bedacht, spüren Sie dem Geschmack hinterher – nur zu gerne geben die Wirte und Braumeister Einblick in Herstellung und Sorten ihrer flüssigen Produkte. Und mancher von Ihnen – gerade die jüngere Generation – versucht sich mittlerweile mit großem Erfolg an völlig neuartigen Sorten und Geschmackstypen, die für den interessierten Feintrinker eine neue Welt eröffnen. Das Bier hat seinen Aktionsradius schon lange vergrößert und auch die Tafeln der feinen Küche erreicht. Erleben, probieren und genießen Sie! Zum Wohl!

Ihr

1
Der Name „Wirth" ist Programm

Wirt: Benno Wirth
Brauerei: Benno und Hans-Günter Wirth
Küche und Brauereiladen: Monika Wirth

Brauereigasthof
Zum Löwenbräu
Neuhauser Hauptstraße 3
91325 Adelsdorf–Neuhaus

Telefon: 09195/7221
Fax: 09195/8746
info@zum-loewenbraeu.de
www.zum-loewenbraeu.de

Öffnungszeiten
Montag und Dienstag 17.30–23.00 Uhr
Mittwoch–Samstag 11–14.00 und 17.30–23.00 Uhr
Sonn- und Feiertagen 11.00–21.00 Uhr

„Himmelsweiher" sagt man hier zu den spiegelnden Wasserflächen, die den Aischgrund bedecken. Die berühmten Kettenweiher der fränkischen Region werden meist nur von Regenwasser gespeist und bergen für viele Liebhaber einen kulinarischen Schatz, der auch in Monika Wirths Küche zum Standardrepertoire gehört.

Der Aischgründer Spiegelkarpfen ist lokale Delikatesse und Klassiker der hiesigen Küche. Nur wenige Schritte vom wuchtigen Wasserschloss entfernt liegt im kleinen Weiler Neuhaus der Brauereigasthof „Zum Löwenbräu". Nähert man sich dem gastlichen Anwesen in den Abendstunden, ragt vor dem dunkel werdenden Himmel die schlichte Fassade eines spitzgiebeligen Gebäudes empor. Rötlich-gelbes Licht strahlt durch großflächige Fenster nach außen und stellt imposant zwei stahlglänzende Sudkessel zur Schau. Selten ist eine Brauanlage so eindrucksvoll in Szene gesetzt worden. Überdeutlich ist die Werbung wie auch die Wertschätzung fürs Bier, das Benno Wirth nun schon in der neunten Generation hier braut. Nur feinster Aroma-Hopfen aus den Anbaugebieten Hallertau, Spalt und Tettnang gibt ihm Geschmack und Duft, das Quellwasser aus dem eigenen Brunnen den flüssigen Körper. Die Palette reicht von Hellem und Festbier über Edel-Pilsener bis zum naturtrüben Hausbräu – einem altfränkischen Kellertrunk, der noch aus Großvaters Rezeptbuch stammt. Der eingangs erwähnten Delikatesse ist ein sommerliches Weißbier gewidmet, die „Aischgründer Karpfen-Weisse", die im fußläufig entfernten Biergarten auch zu herzhaften Brotzeiten ein herrlich frischer Begleiter ist. Im

Die „Himmelsweiher"

◀ Monika, Benno und Hans-Günter Wirth

Rötlich-gelbes Licht strahlt durch die Fenster...

"Felsenkeller" wurde früher das Bier gelagert, heute genießt man Sommerluft und Löwenbräuküche an Bierbänken im schattigen Laubwald.

In den urgemütlichen Stuben des Brauerei-Gasthofs, dessen Tradition bis 1747 zurück reicht, ist der Gast wirklich zuhause und kann an den Köstlichkeiten teilhaben, die Hausherrin Monika, eine gelernte hauswirtschaftliche Betriebsleiterin und Meisterin der Hauswirtschaft, für ihn bereithält. Die sympathische Fränkin zaubert auf Basis fränkischer Traditionsküche aromatische Gaumengenüsse, die häufig mit Bierigem spielen, deren Geheimnis aber vor allem in der Würzkraft der Kräuter liegt, die sie im Wald findet oder im liebevoll gepflegten Garten zieht. Ihre Lust am Experiment ist spürbar, wenn sie eine fein abgeschmeckte Füllung mit Biertreber in zarte Teigtäschlein gibt. Diese „Treber-Roli", mit herb-würzigem Salbei und brauner Butter parfümiert, sind wahre Gaumenschmeichler. Auch ihr Ältester, Hans-Günter, hat schon die Nase in die Küche gesteckt, wurde aber bald von der Mutter in die Brauerei geschickt. Dort arbeitet sich der gelernte Koch und Braumeister beim Vater ins familieneigene Braugeschäft ein und pflegt den Internetauftritt des Hauses.

Der Name „Wirth" ist Programm, denn Benno und Monika machen ihm alle Ehre. Als sie 1985 heirateten und den Betrieb von seinen Eltern übernahmen, stand ihnen eine Herkulesaufgabe bevor, um das in die Jahre gekommene Anwesen auf den heutigen Standard zu bringen. Es folgten viele Jahre des An- und Umbauens – und manche schlaflose Nacht. Doch heute steht der Braumeister nicht nur am Sudkessel oder in der Brennerei, sondern häufig auch hinter der Theke. Da schenkt er Bier aus und versorgt, assistiert von den Mitarbeitern und Hans-Günters Verlobter Maria, die Gäste. „Der Benno kennt alle beim Namen", erzählt sie. Maria kümmert sich um die Rezeption und den Service, Monikas Domäne sind dagegen Küche, Einkauf und die Organisation des Biergartens und des Hotels, das nun mit elegant und stilvoll eingerichteten Zimmern den Aufenthalt zum entspannten Wohlfühl-Erlebnis macht. „Ich bin lieber im Hintergrund, sorge für alle Dekorationen im Haus oder koche für unsere Gäste und den Brauereiladen Marmeladen und Biergelees." Diese findet der Hotelgast auch morgens im Frühstücksraum, fruchtig-verlockend auf dem ehemaligen Küchenherd arrangiert. Das Süße hat Monika Wirth schon immer fasziniert. Sie stöbert mit Begeisterung in Kochbüchern und besucht Kurse, um Desserts und Naschwerk zu verfeinern. Himmlisch die zarten Schokostangen, deren zuckriger Kern hausgemachten Bierbrand in sich birgt! Und ehe man schließlich die Heimreise antritt, darf man noch in ihrem liebevoll eingerichteten Laden lustvoll einkaufen: Marmeladen und Pralinen, Gelees und Sirupe, Schnäpse und natürlich all das, was die Brauerei an Spezialitäten zu bieten hat. „Blobb" und Prosit!

Ausflugstipps

Durch seine zentrale Lage in der fränkischen Region Steigerwald ist das Haus ein idealer Ausgangspunkt für viele Ausflugsziele: Nürnberg (35 km), Bamberg (30 km), Forchheim und die Fränkische Schweiz (15 km) sowie Schloss Pommersfelden (10 km). Der Braumeister und Chef des Hauses lädt zur Brauerei- und Brennereibesichtigung. Die relativ ebene, teils naturgeschützte und unberührte Weiherlandschaft bietet für Wanderer und Radfahrer zahlreiche Möglichkeiten den herrlichen Aischgrund zu erkunden. In der Nähe liegen mehrere Freizeitparks: Schloss Thurn (12 km), Geiselwind (30 km), eine Sommerrodelbahn (15 km) und das Erlebnis-Freizeitbad „Atlantis" in Herzogenaurach (12 km).

**Zum Mitnehmen:
Spezialitäten aus der Brauerei**

Frisch gezapft: Benno Wirth versorgt seine Gäste

Gefüllte Biertreber-Roli
Ravioli mit Biertreber-Füllung

Teig 150 g griffiges Mehl (Wiener Grießler) | 20 g Malzschrot | 50 g Eigelb | 2 EL Wasser | 2 EL Öl | Salz

Füllung 30 g Butter | 1 kleine Zwiebel | 100 g geräucherter Speck | 80 g Biertreber | 100 g Ricotta | 100 g saure Sahne | 40 g frisch geriebener Parmesan | Petersilie

Belag Variante 1: 100 g geräucherter Speck | 50 g Butter
Variante 2: 50 g Butter | frischer Rosmarin oder Salbei | frisch geriebener Parmesan zum Betreuen

■ Für den Teig das griffige Mehl, Malzschrot, Eigelb, Wasser, Öl und Salz zu einem glatten, elastischen Nudelteig verkneten. Den Teig in Frischhaltefolie wickeln und ½ Stunde ruhen lassen.
■ Für die Füllung die Zwiebel schälen und in sehr kleine Würfel schneiden. Den Speck in kleine Würfel schneiden. Parmesan grob raspeln. Petersilie zupfen, waschen und fein hacken.
■ Die Zwiebelwürfel in Butter glasig anschwitzen. Die Speckwürfel und die Biertreber kurz mit andünsten. Dann zur Seite stellen und abkühlen lassen.

■ Ricotta, saure Sahne, gehackte Petersilie und geriebenen Parmesan mischen und die abgekühlte Trebermischung dazugeben. Mit Salz und Pfeffer gut abschmecken.
■ Den Nudelteig dünn ausrollen und runde Scheiben (ca. 10 cm Durchmesser) ausstechen. Je einen gehäuften Teelöffel Füllung auf die Mitte geben. Die Teigränder mit Eiweiß bestreichen, zusammenklappen und an den Rändern eindellen, damit sie besser aneinander haften. In reichlich Salzwasser 2 bis 3 Minuten kochen.
■ Die Ravioli mit einem Schaumlöffel herausheben, auf angewärmte Teller anrichten und Speckwürfel (Variante 1) oder Kräuter (Variante 2) darüber verteilen. Mit frisch gehobeltem Parmesan bestreuen.
■ Variante 1: Butter in der Pfanne erhitzen, Speckwürfel kurz anbraten und über die Ravioli geben.
■ Variante 2: Butter in der Pfanne erhitzen, kleingeschnittenen Rosmarin oder Salbei hinzufügen.

TIPP
■ Frische Treber bekommt man in Brauereien. Im „Löwenbräu"-Laden kann man diese Zutaten kaufen.

2
Genuss mit Stil und Bier von der Wiese

Inhaber: Tilo, Ute, Benjamin und Claudius Unger
Küchenchef: Benjamin Unger
Braumeister: Mirko Endt

Brauereigasthof Lotters Wirtschaft
im Hotel Blauer Engel
Altmarkt 1
08280 Aue/Sachsen

Tel 03771/5920
Fax 03771/23173
info@hotel-blauerengel.de
www.hotel-blauerengel.de

Öffnungszeiten
Lotters Wirtschaft
Montag–Sonntag ab 11.00 Uhr
Warme Küche Montag–Samstag
durchgehend bis 22.30 Uhr,
Sonntag bis 21.00 Uhr

Nur das feinste Gefäß ist gut genug für dieses Bier. Hier wird Bier zelebriert und Lotters Cuvée wird im Burgunderpokal serviert. Das hat Stil und ist eine würdige Präsentation für ein edles Getränk.

Einst nur Weinen vorbehalten, erobert das oft schmählich nur als Durstlöscher gewürdigte Gebräu nun auch Feinschmeckers Hochebene. Und so mancher Brauer tüftelt an neuen Rezepturen und Geschmacksrichtungen – innerhalb des deutschen Reinheitsgebots. Die Spielwiese ist riesengroß, die Variationsbreite, aus den genehmigten Zutaten Neues zu zaubern, fast unendlich. Auch Tilo Unger ist einer jener Tüftler, die vom Bierbrauen fasziniert sind, und deren Ideen zu immer wieder neuen Kreationen vergoren werden. Doch das war ihm nicht in die Wiege gelegt worden. Sein Sohn Benjamin, Küchenchef im „Blauen Engel", erzählt: „Eine eigene Brauerei, das war immer schon der Traum meines Vaters. Doch er ist eigentlich Koch und Hotelbetriebswirt. Das hat er gelernt und damit hat er seinen Berufsweg begonnen." Noch zu DDR-Zeiten wurde Unger Leiter der Gastronomie im „Blauen Engel" und arbeitete sich hinauf bis zur Position des Hotelchefs. Als dann 1989 Ost und West zusammenkamen, konnte er mit seiner Familie das Traditionshaus erwerben. Der rührige Sachse krempelte die Ärmel hoch und brachte erst einmal das Hotel auf den neuesten Stand – mit Hilfe der ganzen Familie, seiner Frau Ute und den Söhnen Benjamin und Claudius. Benjamin erinnert sich: „Damals bin ich auf dem Boden rumgekrochen und habe die Holzdielen festgenagelt." Zimmer und Restaurant wurden renoviert, Wellnesseinrichtungen ins-

Der „Blaue Engel" – schon an der Fassade wird die liebevolle Gestaltung des Hotels deutlich.

◀ Bernjamin Unger,
Küchenchef und Mitglied der
„Jeunes Restaurateurs"

Die Tausendgüldenstube wurde nach alten Plänen rekonstruiert.

talliert und die Küche modernisiert. Gut zehn Jahre später, 2001, eröffnete man in den Mauern des Hotels auch „Lotters Wirtschaft" – mit eigener Hausbrauerei. Tilo Unger hatte sich seinen Traum erfüllt und Aue erhielt das erste eigene Bier.

Majestätisch erhebt sich der Prachtbau des „Blauen Engels" am Altmarkt von Aue. Die Bergbaustadt war berühmt für die Förderung von Eisen-, Silber- und Zinnerzen sowie Kaolin, der weißen Erde, aus der das Meißner Porzellan hergestellt wird. 1663 hatte ein David Rehm hier das Gasthaus als mittelalterliche Raststätte erbaut, verköstigte ermattete Reisende und versorgte sie mit Proviant und frischen Pferden für die Weiterreise. Doch die Zeiten haben sich gewandelt – wie auch der Anspruch der Reisenden. Im gastlichen Haus darf heute der Einkehrer nicht nur sein Haupt in elegant ausgestatteten Zimmern zur Ruhe betten, sondern sich auch auf köstliche Verpflegung freuen. Denn mit Benjamin Unger ist die kulinarische Neuzeit ins Haus gekommen. Der junge ambitionierte Küchenchef hat bei den Meistern seines Fachs gelernt und ist Mitglied des renommierten Kochzirkels der „Jeunes Restaurateurs". Wen wundert es, dass er auf hohem Niveau kocht und nicht nur seine Gäste im Feinschmeckerrestaurant „St. Andreas", sondern auch die Liebhaber uriger Gerichte im Braugasthof mit seinen Kreationen beglückt. In „Lotters Wirtschaft" wird zwar herzhafte erzgebirgische Küche geboten, doch ob Schweinshaxe oder Rindsroulade, die guten Stücke werden auch hier mit größter Sorgfalt gegart und mit Niedertemperatur und vielen Stunden Garzeit zur würzig-zarten Vollendung gebracht.

Vier kupferne Säulen dominieren die Gaststube mit ihren dunklen Holztischen. Hier wird das Bier gebraut und getrunken, das zu Gänsebraten mit Rotkraut und Klößen, zu Karpfen oder Sauerbraten mit „Grünen Fratzen" (Kartoffelpuffern) serviert

Die kleine, aber feine Brauanlage im „Lotters" und das natürliche Bier, das hier entsteht, sind ein Genuss fürs Auge und den Gaumen.
Der Gewölbekeller (Bild Seite 19) ist ideal für kleine Tafelrunden.

wird. Eine Steinstiege führt auch hinab in einen Gewölbekeller, dessen roh belassene Wände 350 Jahre Vergangenheit spürbar werden lassen. In seinen intimen Winkeln werfen Kerzen ihr spärliches Licht auf kleine Tafelrunden, Zeit und Alltag sind hier ausgeblendet. Doch oben in der Wirtsstube ist Programm geboten. Hautnah verfolgt der Gast die wundersame Werdung des Gerstensaftes, wenn Braumeister Mirko Endt an Sachsens kleinster Brauanlage zu Werke geht. Doch die Regie führt Tilo Unger. Neben Lotters Hell, Dunkel oder Starkbier werden auch immer wieder Sondersude gefahren wie das Rauchbier oder ein mit Zimt, Honig und Nelken gewürztes Weihnachtsbier. Unger braut Ales und Stouts mit englischem Hopfen und sammelt Holunderblüten für sein „Lotters Lunder". Ein ganz ungewöhnliches „Wiesenbier" hat er kreiert, dessen Name sich nicht, wie man fälschlicherweise annehmen könnte, auf die Münchener Wiesn bezieht, sondern auf die Schafgarbe, die er hier anstelle von Hopfen zum Brauen verwendet. Er versucht sich an alten Rezepturen aus dem 16. Jahrhundert oder er verheiratet drei Biersorten zu der oben erwähnten Cuvée. Tilo Unger liebt das Bier – und die Ideen werden ihm sicher nicht ausgehen.

Ausflugstipps

Empfehlenswert ist ein Ausflug nach Schwarzenberg mit seinem Schloss und dem Besucherbergwerk „Zinnkammern" in Pöhla. Einen Blick in die Vergangenheit des Bergbaus bieten auch die Reichenbachstollen am Kuttengrund mit Führungen unter Tage. Der Naturlehrpfad „Am Floßgraben", der früher dem Transport von Grubenholz diente, ist heute ein technisches Denkmal in landschaftlich reizvoller Umgebung. Ungefähr 20 km entfernt wartet die Museums-Schmalspurbahn Schönheide auf Enthusiasten.

Schwarzbiersabayon mit marinierten Erdbeeren und Mango

2 Eier | 2 Eigelb | 200 ml Schwarzbier | 80 g Zucker | 250 g Erdbeeren | 1 Mango | 60 ml Grand Marnier | 1 Bd Minze | 80 g Puderzucker

■ Die Eier, Eigelbe, das Bier und den Zucker miteinander vermengen und in einer großen Schüssel über dem Wasserbad schaumig aufschlagen. Achten Sie bitte darauf, dass die Eiermischung nicht zu heiß wird, sonst wird Rührei daraus!
■ Die Erdbeeren vierteln, die Mango schälen und in Würfel schneiden. Das Obst in einer Schüssel mit Puderzucker und Grand Marnier marinieren.
■ In ein Glas füllen, den Eierschaum darüber geben und mit der Minze garnieren.

3
Von Saiblingen und Zwickelbier

Wirt: Ernst Rothenbach
Küchenchefin: Elke Rieß
Brauerei: Frank Rothenbach

Brauereigasthof Rothenbach
Familie Ernst Rothenbach
Im Tal 70
91347 Aufseß

Telefon: 09198/9292-0
Fax: 09198/9292-29
wirt@brauereigasthof-rothenbach.de
www.brauereigasthof-rothenbach.de

Öffnungszeiten
April bis Oktober täglich
8.00–23.00 Uhr
November und März: Mittwoch
bis Montag 8.00–23.00 Uhr
Dezember und Februar: Freitag
bis Sonntag 8.00–23.00 Uhr

Sie suchen nach Ruhe und Erholung, nach Abstand zum Trubel des Alltags? Willkommen in der Fränkischen Schweiz!

Aus weichen Wiesenhängen erheben sich schroffe Kalkfelsen, mächtige Felswände und düstere Burgen. Ungebremst, ungezügelt, aber lautlos mäandert die Aufseß durchs charmante Tal, auf dessen ruhigen Wegen der radelnde Urlauber beschaulich und mit bequemem Kraftaufwand seines Weges ziehen kann. Am Fuße der Burg Aufseß steht hinterm Tresen einer gastlichen Stätte der Wirt höchstpersönlich und wird Ihnen gerne ein frisches Bier ausschenken. Ernst Rothenbach ist mit Leib und Seele Wirt und Gastgeber im Brauereigasthof der Familie. Als solcher sitzt er häufig auch bei den Einkehrern am Tisch und ratscht mit ihnen über Gott und die Welt oder übers Bierbrauen. Das bricht in Aufseß alle Rekorde, denn die kleine Gemeinde weist mit vier Brauereien die größte Brauereidichte der Welt, bezogen auf ihre 1500 Einwohner, auf. Obwohl sein Bruder Frank als Braumeister die Brauerei leitet, hat auch der gelernte Hotelbetriebswirt das Diplom zum Biersommelier gemacht, um seine Gäste kompetent beraten zu können. „Dabei versuche ich", meint er, „sie auf die Aromen und Geschmacksnoten hinzuweisen, die sie im Bier riechen und schmecken können." Ab und zu öffnet er eine der Flaschen, die er vor längerer Zeit beiseite gestellt hatte, um zu sehen, wie sich das Bier entwickelt hat. Ähnlich dem Weinsommelier will er dem interessierten Biertrinker die Sinne fürs Getränk schärfen und das passende Bier zur jeweiligen Speise empfehlen.

**Stammtischschild mit Wappen
(links Rothenbach, rechts Aufseß)**

◀ **Der Wirt, Ernst Rothenbach**

Was die kulinarische Versorgung betrifft, kann er sich ganz auf Elke Rieß verlassen, die schon seit dreißig Jahren in der Küche des Gasthofs steht. Rothenbachs Mutter hatte sie noch ins Handwerk eingewiesen, heute ist sie Chefin im Reich der Töpfe und der Bratenröhre und hält die Gäste des Hauses mit Fränkischem Schweinebraten in Biersauce oder krustigem Mälzersteak bei Laune. Man würde der fränkischen Küche jedoch großes Unrecht tun, würde man sie nur auf deftige Fleischgerichte reduzieren. Drei herrliche gemusterte Saiblinge liegen in der Schale. „Viele Leute wollen Forelle essen, aber wir versuchen sie zu überzeugen, auch mal Saibling zu probieren", erzählt die Küchenchefin. „Wir haben hier drei verschiedene Exemplare", erklärt sie, „den Elsässer erkennt man an den roten Punkten, dann den Bachsaibling und der Dritte ist eine Kreuzung aus beiden, der ‚Aufsesser Saibling'. Typisch für alle drei ist das rote Fleisch." Auch Rothenbach schätzt diese heimische Delikatesse. Schon am Morgen hatte er sie von der Fischzuchtanlage am Ort geholt. „Da wird seit 25 Jahren Forschung betrieben, Zucht und Beratung", weiß er, „erst da habe ich erkannt, dass der Saibling einen viel feineren Geschmack als die Forelle besitzt."

Eigentlich hatte er Informatik studieren wollen, heute ist EDV sein Hobby und notwendiges Arbeitsmittel, um den Brauereigasthof leiten und organisieren zu können. Dessen Wurzeln reichen zurück bis ins Jahr 1823, als Vorfahr Jean das „Wirtsgütlein" kaufte und damit den Grundstein für den Gasthof legte. Dessen Enkel Johann erwarb dann 1886 das Brauereiwerkzeug vom Gößweinsteiner Franziskanerkloster und karrte es mit zehn Ochsenfuhrwerken nach Aufseß. Noch im selben Jahr braute er den ersten Sud eines dunklen Bieres. In die schattige Nordflanke des Burgfelsens schmiegt sich die Brauerei und profitiert dadurch von la-

Die Wirtsstube

gerfreundlichen kühlen Temperaturen. Mit dem Braumeister Rothenbach stehe ich bei einem der großen Lagertanks und erfahre, was es mit dem „Zwickelbier" auf sich hat: Er öffnet einen kleinen Hahn und lässt trübe Flüssigkeit ins Glas fließen. „Das ist der Zwickelhahn", erklärt er, „hier zwickt der Braumeister eine Bierprobe ab, um die Entwicklung des Bieres zu testen. Das naturtrübe Bier, das hier herauskommt, ist die Urform des Bieres – frisch und unfiltriert." Der 43-Jährige hatte sich schon als kleiner Bub das erste Taschengeld mit Flaschenfüllen im Familienbetrieb verdient – für 500 Flaschen gab es fünf Mark – und mit dem Vater ist er einmal bis Hamburg gereist, um aus alten Scheunen Kisten mit Bügelflaschen auszuräumen, die es hier in Aufseß nicht gab. „Ich hatte eine wunderbare Kindheit", erinnert er sich. „Wir waren auch immer draußen, konnten im Winter auf dem Weiher Schlittschuh laufen oder aus alten Holzkisten Häuser bauen. Aber wenn die Kirchenglocken läuteten, musste ich zuhause sein", lacht er.

Alte Holzkästen mit Bügelflaschen

Ausflugstipps

Wer gerne wandert, kommt in Aufseß voll auf seine Kosten: Das beginnt beim Brauereiweg, an dem man bei 14 km Gesamtlänge vier Brauereien besuchen kann, die Wanderzeit beträgt vier Stunden und kann sich bei Besuchen der Brauereien deutlich in die Länge ziehen... Entlang der Aufseß führt ein Stück des Main-Donau-Wanderwegs, zauberhaft und ruhig. Außerdem liegt der Ort am zertifizierten Fränkischen Gebirgsweg. Auf Radtouren kann man Burgen und Schlösser erkunden, nach Bamberg (Weltkulturerbe, 1000 Jahre Bamberger Dom) oder zur Kaiserpfalz nach Forchheim radeln. Die Fränkische Schweiz bietet eine Fülle von lohnenden Zielen und Möglichkeiten, die im Brauereigasthof erworbenen Kalorien wieder abzubauen.

Ein frisches Bier, mit einem Lächeln gezapft

Aufseßer Bachsaibling „Müllerin Art" mit Malzkartoffeln

Filets von 6 mittelgroßen Saiblingen | Salz | Pfeffer | Mehl zum Wenden | 150 g Butter

Malzkartoffeln   1 kg festkochende Kartoffeln | 150 g Butter | 250 g geschrotetes Weizenmalz | Salz

Glasierte Möhren   500 g kleine Gelbe Rüben | 150 g Butter | Salz | Petersilie

■ Für die Malzkartoffeln die Kartoffeln schälen, waschen und in Salzwasser ca. 25 Minuten garen. In ein Sieb abgießen und gut abtropfen lassen. Die Kartoffeln im Weizenmalz in einer größeren Schüssel wenden. Die Butter in einer Pfanne mit hohem Rand zerlaufen lassen und die Malzkartoffeln darin bei mittlerer Hitze leicht bräunen.

Mittelgroße Saiblinge ...

■ Die Gelben Rüben putzen, schälen und in kochendem Salzwasser ca. 7 Minuten blanchieren, in ein Sieb abgießen, mit kaltem Wasser abschrecken und abtropfen lassen. Butter in eine Pfanne geben, die Gelben Rüben darin bei schwacher Hitze schwenken und mit Salz abschmecken.
■ Die Saiblingsfilets mit kaltem Wasser abspülen und trocken tupfen. Die Filets auf beiden Seiten leicht würzen, in einer Schale mit Mehl wenden und beim Herausnehmen das überschüssige Mehl abschütteln. Die Butter in einer beschichteten Pfanne erhitzen und die Saiblingsfilets erst auf der Hautseite bei mittlerer Hitze goldbraun braten, dann wenden und noch ca. 3 Minuten fertigbraten.
■ Je zwei Filets mit Malzkartoffeln und Gelben Rüben auf den Tellern anrichten und mit Petersilie garnieren.

... für eine heimische Delikatesse

4
Wenn die „gute Seele" die Flinte schultert …

Brauerei-Gasthof Eck
Eck 1
94255 Böbrach

Telefon: 09923/8405-0
Fax: 09923/84055-5
info@brauerei-eck.de
www.brauerei-eck.de

Öffnungszeiten
Dienstag–Sonntag 8.00–24.00 Uhr
Montag Ruhetag (außer an Feiertagen und bei Veranstaltungen)

Inhaber/Wirt: Gerd Schönberger
Braumeister: Gerd Schönberger
Küchenchef: Hermann Rankl

Wen es in diese gottverlassene Ecke zieht, der will der lärmenden Welt entfliehen und Ruhe am Busen der Natur und auf einsamen Waldpfaden finden. „Der Weg zum Böbracher ‚Eck' ist reine Zielfahrt", meint Gerd Schönberger, „wer bei uns landet, hat sich das vorgenommen – weil's halt hier noch urig und bayerisch-gemütlich ist und das Essen stimmt."

In den Pfannen zischt es, aus großen Töpfen dampft es in der Küche von Hermann Rankl. Leise blubbert dunkle Sauce ihrer Vollendung zu. „Beim Rankl dauert die Sauce drei Tage", meint Schönberger, „so lange braucht es, bis sie schmeckt, wie sie schmecken soll."

Dem bayerischen Urgestein Rankl, seit zehn Jahren hier am Herd, ist schnelle Küche ein Fremdwort und Fertigsaucen sind Teufelszeug. So sind seine Saucen voller duftender Aromen durch kräftig eingekochte Fonds, und würzende Kräuter spielen eine wichtige Rolle in seinen Rezepturen. Diese setzt er selber an und verarbeitet große Mengen Knochen dafür. Wildbret, dem seine besondere Zuneigung gilt, kommt noch in der Decke ins Kühlhaus, denn zerlegt wird es erst hier. Nichts verkommt, nur die Decke wird verworfen, aus jedem Knochen macht Rankl seine Ansätze. „Ich muss mich nur kümmern, dass es auch ein ordentliches Bier dazu gibt", lacht Schönberger, „alles andere macht er."

Der Braumeister und Betriebswirt hatte nach der Ausbildung auch zwei Jahre in Amerika als Braumeister gearbeitet. „Da zieht

◀ **Küchenchef Hermann Rankl**

Bräukeller unter böhmischen Gewölbebogen

es mich immer mal wieder hin", erzählt er. Bayerisches Bier hatte er in San Francisco gebraut, in einer der neu entstandenen „craft breweries" (Gasthausbrauereien), die damals, des Einheitsgeschmacks der Großbrauereibiere überdrüssig, Furore machten mit kleinen Suden und feinen, hausgebrauten Bieren. Doch in der Eck-Brauerei, die bereits das 550-jährige-Jubiläum feierte, wird mit alten Rezepten und guter Handwerkskunst gebraut, wie es schon die Vorfahren taten. Und inzwischen ist sein Bier wieder naturtrüb. „Wir waren ja so dumm", meint er, „und haben jahrelang filtriert, weil Bier blank sein musste. Doch geschmacklich ist das naturtrübe viel reicher."

Der Bayerische Wald lässt grüßen, und die Speisekarte hier im Haus ist seine verführerische Visitenkarte. Die klassischen Gerichte eines Braugasthofes verwöhnen im Bräustüberl den erwartungsfrohen Gast mit herzhafter Rustikalität. Krustenbraten im Reindl oder Sauerbraten, eingelegt in „Wilderer Dunkel". Dazu gibts Kartoffelknödel und Apfelblaukraut. Noch mehr gewünscht? Dann bitte ins „Eck" und in die Speisekarte geschaut – da ist noch Vieles an bayerischen Schmankerln zu finden. „Wir erfinden nichts Neues und zaubern nicht rum." Reichhaltige Portionen, man glaubt es dem Küchenchef unbesehen, füllen die Teller und werden auch dem größten Hunger gerecht. Dagegen beschränkt sich das Angebot der Speisen auf ein übersichtliches Maß, was der auf sie verwendeten Sorgfalt sicher sehr förderlich ist. Schönberger: „Früher hat meine Mutter noch selber gekocht, aber heute sorgt sie nur noch für frisches Fleisch von Reh- und Schwarzwild, wenn sie die Flinte schultert und auf Jagd geht." Seniorchefin Lydia, gelernte Braumeisterin, ist die gute Seele des Hauses, das Tagesgeschäft hat schon geraume Zeit ihr Sohn Gerd übernommen. Zusammen mit seiner Frau ist er Wirt und Gastgeber für die Menschen, die im Eck 1 zur Einkehr rasten. Und als Brauchef kümmert er sich ums „Wilderer Dunkel", das traditionsreichste Bier der kleinen Brauerei und ein zünftiger altbayerischer Biergenuss. Der nur mit dunklem Malz gebraute Trunk gibt einen gleichwertigen Begleiter zum deftigen Schmankerl wie dem Krustenbraten mit Dunkelbiersauce. Das kraftvoll würzige Getränk läuft die Kehle hinunter wie Manna. Mit Genuss widmet man sich so kulinarisch ausgestattet dem Topgericht des Hauses. Ist das Werk vollendet, ist der Magen wohlgefüllt, leckt man sich den letzten Rest Dunkelbierschaum von der Lippe. Speisen wie ein Bayer im Himmel, möchte man sagen.

Ausflugstipps

Der Naturpark Bayerischer Wald bietet erholsamen Raum für zahllose Aktivitäten: Radfahren, Wandern, Kanufahren auf dem Regen oder Angeln. Der Arber ist nicht weit mit seinen vielfältigen Wander- und Skigebieten, und je nach Veranlagung erlebt man Spannung pur im Hochseil-Kletterwald Lam oder in der Spielbank von Kötzting, im Silberbergwerk Bodenmais oder im Bikepark auf dem Mountainbike.

Impressionen aus dem Bräustüberl

Wilderer Topf

1 kg Wildfleisch, in Würfel geschnitten | Salz und Pfeffer | 70 g geräuchertes Wammerl (durchwachsener geräucherter Schweinespeck) | 50 g Bratfett, z. B. Butterschmalz | 400 g Zwiebeln, geschält und gewürfelt | 100 g Bratfett für die Zwiebeln | 1 l Wildfond oder Rinderbrühe | ½ l Rotwein | 3 EL Wildpreiselbeeren | Saucenbinder, dunkel | 100 g Champignons (Steinchampignons) | ⅛ l süße Sahne | 1 EL Wildgewürz, gemahlen | Salz | Pfeffer | Thymian und Wacholderbeeren, gemahlen

■ Die Fleischwürfel mit Salz und Pfeffer würzen. Das Wammerl in Streifen schneiden.

■ In einem Bratentopf das Bratfett erhitzen, die Zwiebelwürfel darin braun anbraten, mit Wildfond oder Rinderbrühe ablöschen und beiseite ziehen.

■ In einer großen Bratpfanne 50 g Fett heiß werden lassen und die gewürzten Fleischstücke unter ständigem Rühren solange anbraten, bis der entstehende Fleischsaft wieder eingekocht ist. Mit Rotwein ablöschen, Preiselbeeren unterrühren und alles in den Schmortopf mit dem Zwiebelansatz geben. Zugedeckt solange köcheln lassen, bis die Fleischstücke zart sind. Mit Saucenbinder sämig binden. Champignons vierteln, mit den Speckstreifen dazu geben, aufkochen lassen und mit Sahne verfeinern.

■ Mit Salz, Pfeffer, Thymian, gemahlenen Wacholderbeeren (Achtung: zu viel macht bitter!) und den Preiselbeeren abschmecken.

■ Dazu passen Spätzle, Knödel oder Kroketten und mit Preiselbeeren gefüllte Birnenhälften und (natürlich) pro Person mindestens eine Halbe „Wilderer Dunkel" mit schöner Schaumkrone.

5
Generationen und Traditionen

Brauerei Reichenbrand mit
Bräu-Stübl
Zwickauer Straße 478
09117 Chemnitz

Telefon: 0371/858041
Telefax: 0371/853477
restaurant@reichenbrander.de
www.reichenbrander.de

Öffnungszeiten
Täglich 11.00–24.00 Uhr

Wirt: Matthias Bergt
Küche und Restaurantleiterin: Manuela Fankhänel
Braumeister: Michael Bergt

Der Kachelofen im „Bräu-Stübl" strahlt an kalten Wintertagen willkommene Wärme ab, doch heute zieht uns die Sonne nach draußen. Die warmen Temperaturen eines Spätfrühlingstages sind am angenehmsten zu genießen hinterm Torbogen des „Brauhof"-Biergartens.

Verlockend wirbt ein Dirndl-Mädel mit schaumig gefüllten Bierkrügen –auf die Fassade gemalt – zur gastlichen Einkehr an der Zwickauer Straße. Die Geräusche der Straße weichen schmausender Fröhlichkeit, Bierkrüge stoßen aneinander. Gefüllte Teller werden herausgetragen und verwöhnen den Gast mit den herzhaften Genüssen der sächsischen Küche. Unermüdlich steht Matthias Bergt hinter der Theke und hebt einen Krug nach dem anderen unter den Hahn. Man kommt gern hierher, weil man die ehrliche Kost zu schätzen weiß und weil das Bier so gut schmeckt. Der Renner ist das „Kellerbier", im Steinkrug ausgeschenkt. Kein flach gebrautes Getränk mit Allerweltsgeschmack, sondern ein Bier mit Charakter, mit dem Geschmack von hier, vom Reichenbrander.

In Chemnitz, der Stadt am Rande des Erzgebirges, braut die Familie Bergt ihr Bier nach alter Brautradition wie seit 150 Jahren: handgemachtes Bier, mit offener Gärführung und mit Brauwasser aus dem eigenen Brunnen. Filtriert und unfiltriert. Schwere Jahre aber hatten das Familienunternehmen im Ortsteil Reichenbrand gebeutelt. Zwei Weltkriege und die Wirtschaftskrise hinterließen ihre Spuren und 1972 musste die Brauerei Bergt „freiwillig" an den Staat verkauft werden – eine freundliche Formulierung für Enteignung. Vater Joachim durfte jedoch weiterhin als Produktionsstät-

◀ Familie Bergt (von links nach rechts): Heike Bergt, Manuela Fankhänel, Michael und Matthias Bergt

Eingang zum „Brauhof"-Biergarten (oben), am Ausschank steht Matthias Bergt (unten)

tenleiter über die Geschicke der Brauerei wachen und schon kurz nach der Wende gelang es ihm und seinem Sohn Matthias, den Betrieb als eine der ersten Privatbrauereien weiterzuführen. Der Ortsteil wurde zum neuen Namen: Brauerei Reichenbrand. Der Anfang war nicht leicht, die Bausubstanz marode und die Kundschaft in dieser von Arbeitslosigkeit gebeutelten Region knapp bei Kasse. Diesen Widrigkeiten zum Trotz begann man, in allen Bereichen der Brauerei „aufzurüsten" und zu modernisieren. „Wir haben Weltkriege, Wirtschaftskrise und die Roten überstanden", lacht Bergt, „dann wollten wir das auch noch packen." Eine neue Halle wurde errichtet und im ehemaligen Flaschenkeller entstand das „Bräu-Stübl" – in Erinnerung an die ehemalige „Kutscherstube", in der vor langen Zeiten „Selbstgebrautes" ausgeschenkt worden war.

Die Brauerei wird von einem Triumvirat geführt, von Joachim Bergt, seinem Sohn Matthias und seinem Enkel Michael. Matthias Bergt – als gelernter Maurer – hatte nach der Wende das Brauen von der Pike auf beim Vater gelernt und sich 1994, mit der Eröffnung des „Bräu-Stübls" auch in die Rolle des Wirts eingelebt. Seine Frau Heike kümmert sich derweil um die Verwaltung und Kommunikation nach außen. Die Thüringerin hatte eigentlich Textiltechnologie studiert und in dieser Zeit ihren Mann kennengelernt. „Doch die Arbeit mit dem Computer macht mir Spaß", sagt sie. „Ich habe mir alles selber beigebracht", denn ein „Büro mit der Hand", hatte ihr Schwiegervater gemeint, „das machen wir nicht mehr."

In Restaurant und Küche führt Tochter Manuela Regie. Schon als kleines Kind hatte sie sich ihr erstes Taschengeld in der Küche verdient. Auf der Speisekarte entdeckt man gute traditionelle Hausmannskost: Brauerschnitzel und Rouladen, Schweinshaxe und deftige Eintöpfe. „Eisbein pökeln wir selber, die Saucen und Fonds werden immer frisch angesetzt", erzählt die 30-jährige Köchin. „Typisch für unseren Sauerbraten gebe ich in die Sauce Chemnitzer Saucenkuchen", erklärt sie, „eine Art Lebkuchen zum Würzen und Dicken." Und wenn „Flecke" (Kutteln) auf der Karte stehen, ist das „Bräu-Stübl" voll. Zur Seite steht ihr oft auch der Papa, macht kalte Küche, Abwasch und was sonst noch so anliegt. „Die beste Zeit", lacht sie, „ist der Morgen, wenn ich mit meinem Vater in der Küche stehe und wir zusammen das Frühstück für die Belegschaft vorbereiten. Dann können wir den Tagesablauf organisieren und über alles in Ruhe sprechen."

Ausflugstipps

Gleich um die Ecke befindet sich der Tierpark Chemnitz und angrenzend der Stadtteil Rabenstein mit der Burg Rabenstein, den Felsendomen und dem Kletterwald Rabenstein, dem Stausee und dem Erlebnisbad. Chemnitz bietet etliche Museen (Kunst, Industrie, DDR u.a.) und man kann das Wasserschloss Klaffenbach, den versteinerten Wald oder den Botanischen Garten besuchen. Im Erzgebirge gibt es zahlreiche lohnende Ziele für Tagesausflüge, ganz zu schweigen vom „Elbflorenz" Dresden oder dem Schloss Augustusburg.

Ehemalige Brautechnik zur Dekoration und ein Zapfhahnschild

Der Gastraum in Erwartung zahlreicher Gäste

Bohneneintopf

Rinderbrühe 500 g Rinderbug | 1 große Zwiebel, geschält und gewürfelt | 2 Möhren, in Stücke geschnitten | ½ Sellerieknolle, in Stücke geschnitten | Lorbeer | Piment | Pfefferkörner | Salz

Einlage 800 g grüne Bohnen | 500 g Kartoffeln, geschält | 1 Zwiebel, geschält | 2 Möhren, geschrappt | Bohnenkraut | ½ Bund Petersilie | Salz | Pfeffer

■ Fleisch, Zwiebel, Möhren, Sellerie und Gewürze in einen Topf geben und ca. 1½ Stunden kochen, bis das Fleisch gar ist.

■ Das Fleisch aus dem Topf nehmen, die Brühe durch ein Sieb in einen anderen Topf passieren. Das Fleisch in ca. 1 cm große Würfel schneiden. Zwiebeln, Kartoffeln und Möhren in Würfel schneiden und die Bohnen auf die gewünschte Größe stückeln.

■ Anschließend alles in die Rinderbrühe geben, vermengen und aufkochen lassen. Die Hitze zurücknehmen und noch ca. 20 Minuten köcheln, bis das Gemüse gar ist. Die Fleischwürfel ungefähr 5 Minuten vor Ende der Garzeit zugeben.

■ Mit Bohnenkraut, Salz und Pfeffer abschmecken und mit kleingehackter Petersilie bestreuen.

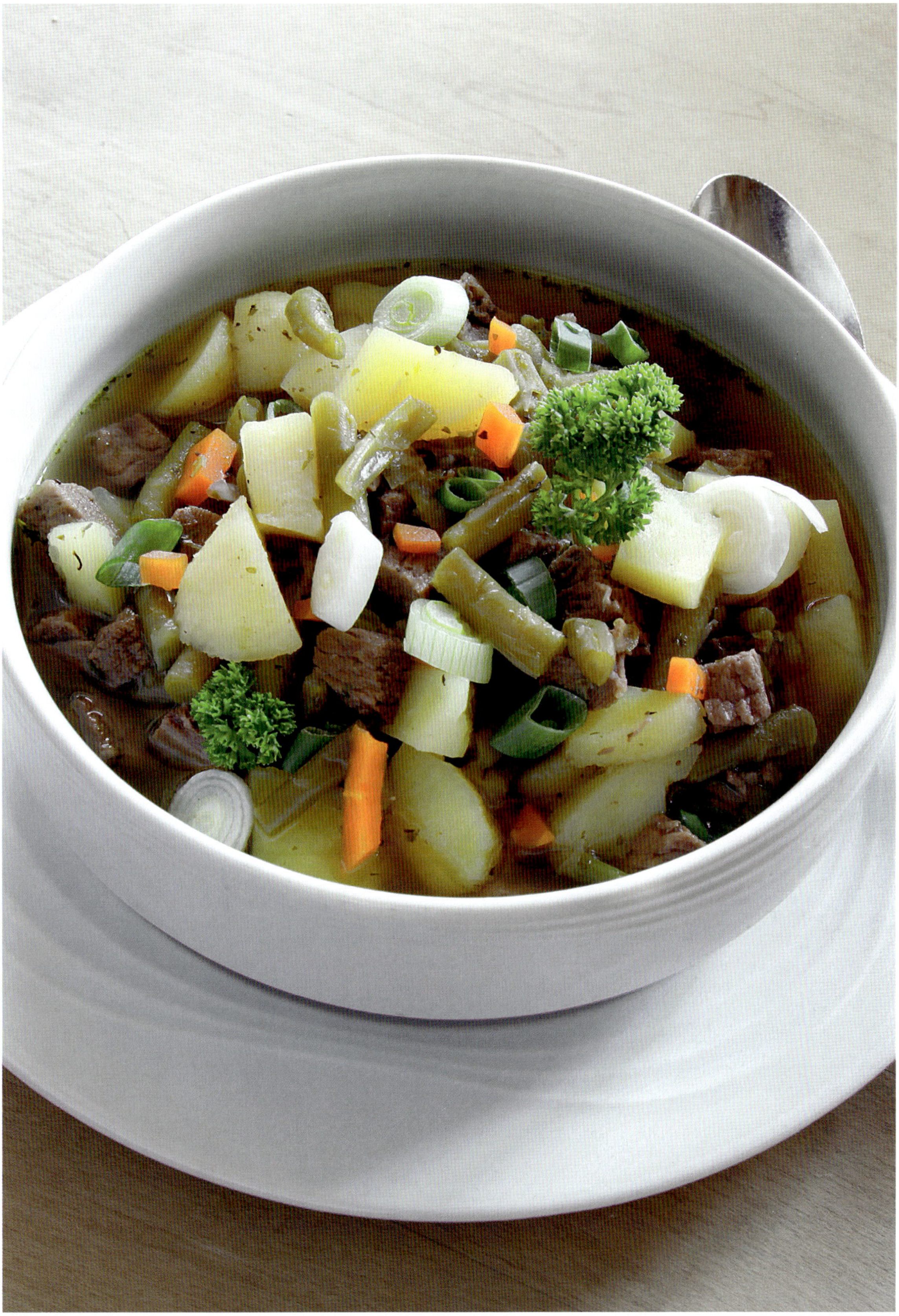

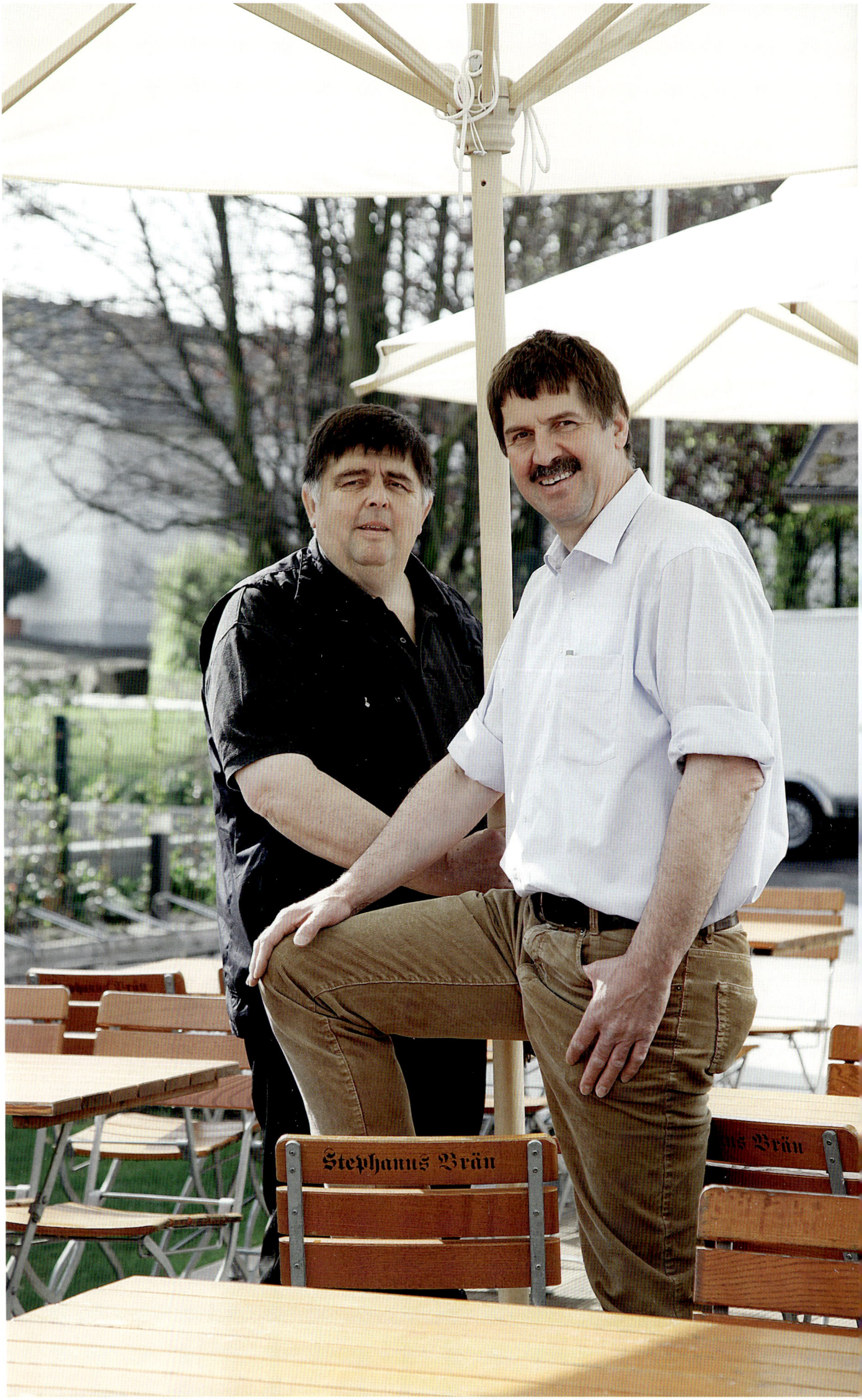
Stephanus Bräu

6
Ländlich-deftig und nie langweilig

Hotel Brauhaus Stephanus
Overhagenweg 3-5
48653 Coesfeld

Telefon: 02541/1000
info@brauhausstephanus.de
www.brauhaus-stephanus.de

Öffnungszeiten
Montag–Samstag ab 11.00 Uhr
Sonntag ab 10.00 Uhr

Wirte: Stephan und Matthias Rulle
Braumeister: Carsten Suppanz

Gerstenmalz rieselt in einen mächtigen kupfernen Kessel. Braumeister Carsten Suppanz rüttelt den weißen Sack, bis wirklich alles in der dunklen Öffnung verschwunden ist: Auftakt einer wundervollen Verwandlung von Gerste, Hopfen, Hefe und Wasser in süffiges Bier.

Im Brauhaus Stephanus ist Brautag, ein neuer Sud wird angesetzt. Auf den goldgelben Klassiker des Hauses, das „Stephanus Bräu Original", freuen sich all die durstigen Kehlen, für die am Tresen der Braustube der köstliche Saft in den Gläsern schäumt. So wische auch ich mir genüsslich die schaumigen Reste von den Lippen und beiße lustvoll in eines der Mettbrötchen, die verlockend in Reichweite liegen.

Randvoll ist die Woche gepackt mit Veranstaltungen rund ums Bier und mit den deftigen Genüssen des Münsterlandes. Langeweile ist ein Fremdwort in den rustikalen und holzmächtigen Räumlichkeiten der Brüder Matthias und Stephan Rulle. Tageweise stehen fleischige Gaumen-Specials im Mittelpunkt des Geschehens. Mal sind es würzig marinierte Spareribs, dann zarte Lendchen vom Schwein und der Donnerstag gehört ganz den Stammtischen, an denen das Bier reichlich fließt und man sich in geselliger Runde schmausend schweinernen Haxen auf Sauerkraut widmet. Erst wenn der letzte Gast das Haus verlassen hat, wird zugesperrt. Dies dürfte gegen Wochenende weit später der Fall sein, wenn der Zapfhahn schäumt und der Tanzboden vibriert. Beim „Danz op de Deel" werden freitags mit Oldies nostalgische Gefühle geweckt, am Samstag aber steppt der Bär bei Disco-Hits der aktuellen Charts.

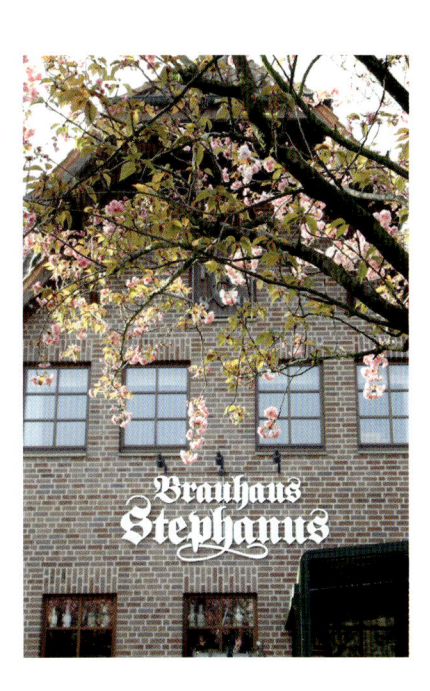

Frühlingsblüte vor dem Brauhaus

◀ **Stephan und Matthias Rulle**

In der „Malztenne" hängt der Himmel voller Flaschen.

Zwar gewährt die ländlich-deftige Küche auch fleischlose Alternativen, unübersehbar aber spielt Fleisch die dominierende Rolle. Dies ist nicht weiter verwunderlich, liegt doch den Inhabern das Thema sozusagen im Blut. Unweit vom „Tatort Münster", wo Fernseh-Kommissar Frank Thiel und Professor Karl-Friedrich Boerne auf Mördersuche gehen, liegt das Städtchen Coesfeld im Herzen des Münsterlandes.

Nahe der holländischen Grenze ist das Land flach und der Horizont unermesslich weit. Braun gescheckte Kühe käuen auf grünen Wiesen friedlich wieder. Der Name Coesfeld kommt nicht von ungefähr von „Kuhfeld" und mag Symbol sein für die Tradition der Familie Rulle, die seit 1580 bis ins Jahr 2000 hier am Ort das Fleischerhandwerk betrieb.

Auch Stephan führte in Münster eine eigene Fleischerei, als es ihn seinerzeit, auf Besuch im weinlastigen Rheingau weilend, ins „Kleine Eltviller Brauhaus" verschlug. „Er war sofort von der Idee einer Gasthausbrauerei infiziert", erinnert sich Matthias, „und er machte auch mich neugierig. Wir fuhren gleich nochmals dorthin und dann hatte es auch mich gepackt." Der großgewachsene Kaufmann mit Schnauzer erzählt: „Von da an waren wir jedes Wochenende auf Achse und besuchten alle damals bekannten Gasthausbrauereien, probierten Biere, studierten Speisekarten und übernahmen munter neue Ideen", lacht er. Das Projekt reifte langsam heran, und als Nachbar Onkel Paul hier seine Kneipe verkaufen wollte, schlugen sie zu. Das war 1989. Es wurde an- und umgebaut und ein großer Biergarten angelegt. Fünf Jahre später erwarben die Brüder schließlich das Gebäude der heutigen „Malztenne". Unlängst wurde ein modern gestaltetes Hotel eröffnet. Das bietet angenehmerweise nun auch jenen Gästen, die es nicht bei einem Bier belassen wollen, eine stilvolle Übernachtungsmöglichkeit.

In der „Malztenne" hängt der Himmel voller Flaschen. Unübersehbar künden restaurierte Mopeds und Motorräder, Emailleschilder und Plakate von der Sammelleidenschaft der Rulle-Brüder, fröhlich feiernd werden hier häufig größere Gesellschaften gesichtet, die im luftig-hohen Raum den Erzeugnissen von Küche und Brauerei munter zusprechen. Und auf meine Frage antwortet Matthias: „Das ‚Stephanus Bräu' haben wir nach meinem Bruder genannt. Schließlich hatte er die Idee zu diesem Abenteuer."

Die Sammelleidenschaft der Rulle-Brüder ist unübersehbar.

Braumeister Carsten Suppanz am Braukessel

Ausflugstipps

Das Münsterland ist eine ideale Region fürs Fahrrad. Der Berkel-Radwanderweg ist Teil eines grenzüberschreitenden Radwandernetzes. Wem das Fahrrad als Fortbewegungsmittel zu anstrengend ist, der kann auch mit dem Planwagen gemütlich durchs Land bummeln. Und wer noch nicht weiß, was „Bosseln" ist, kann es bei einem sportlichen Bierspaziergang erfahren: Querfeldein-Kegeln nach Art des französischen Boulespiels.

Das folgende Gericht gehört zu den beliebtesten Brauhaus-Spezialitäten und wird mit Produkten von Erzeugern aus der Nachbarschaft und dem selbst gebrauten „Stephanus Bräu" zubereitet.

Schaufelbraten auf Sauerkraut mit Bratkartoffeln

6–8 Portionen

Sauerkraut   40 g Griebenschmalz | 4 Zwiebeln | 1,5 kg Sauerkraut | Pfeffer | Salz | ¼ l Weißwein

Schaufelbraten   1125 g Schweineschulter | 3 Prisen Salz und Pfeffer | 1–2 TL Paprikapulver | 1–2 Zwiebeln | ½ l Wasser | ½ l Exportbier

Bratkartoffeln   600 g Pellkartoffeln | 1 Zwiebel | 30 g Bauchspeckwürfel | 30 g Margarine oder Butterschmalz zum Braten

■ In einem Topf das Schmalz auslassen und die feingehackten Zwiebeln darin hellgelb anschwitzen. Das Sauerkraut hinzufügen und kräftig durchschmoren; gelegentlich umrühren. Mit Pfeffer und Salz würzen. Den Weißwein nach und nach zugießen und auf mittlerer Hitze ca. ½ Std. im offenen Topf weiterschmoren, bis die Flüssigkeit fast vollständig verkocht ist.
■ Die Fettschicht der Schweineschulter über Kreuz einritzen und den Braten mit Salz, Pfeffer und Paprikapulver rundherum würzen. Das Fleisch mit den geviertelten Zwiebeln in einen Bräter geben. Mit Wasser und Bier auffüllen und alles im vorgeheizten Backofen (200 °C) etwa 70 Minuten schmoren.
■ Die Kartoffeln mit Schale in Salzwasser kochen. Die Speckwürfel in einer Pfanne auslassen, Zwiebel in Würfel schneiden, dazugeben und hellgelb werden lassen. Die Kartoffeln nach dem Kochen etwas auskühlen lassen, pellen und in Scheiben schneiden. Das Bratfett in einer Pfanne erhitzen und die Kartoffeln anbraten; mit etwas Salz und Pfeffer würzen. Kurz vor dem Servieren die Speck- und Zwiebelwürfel mitbraten.

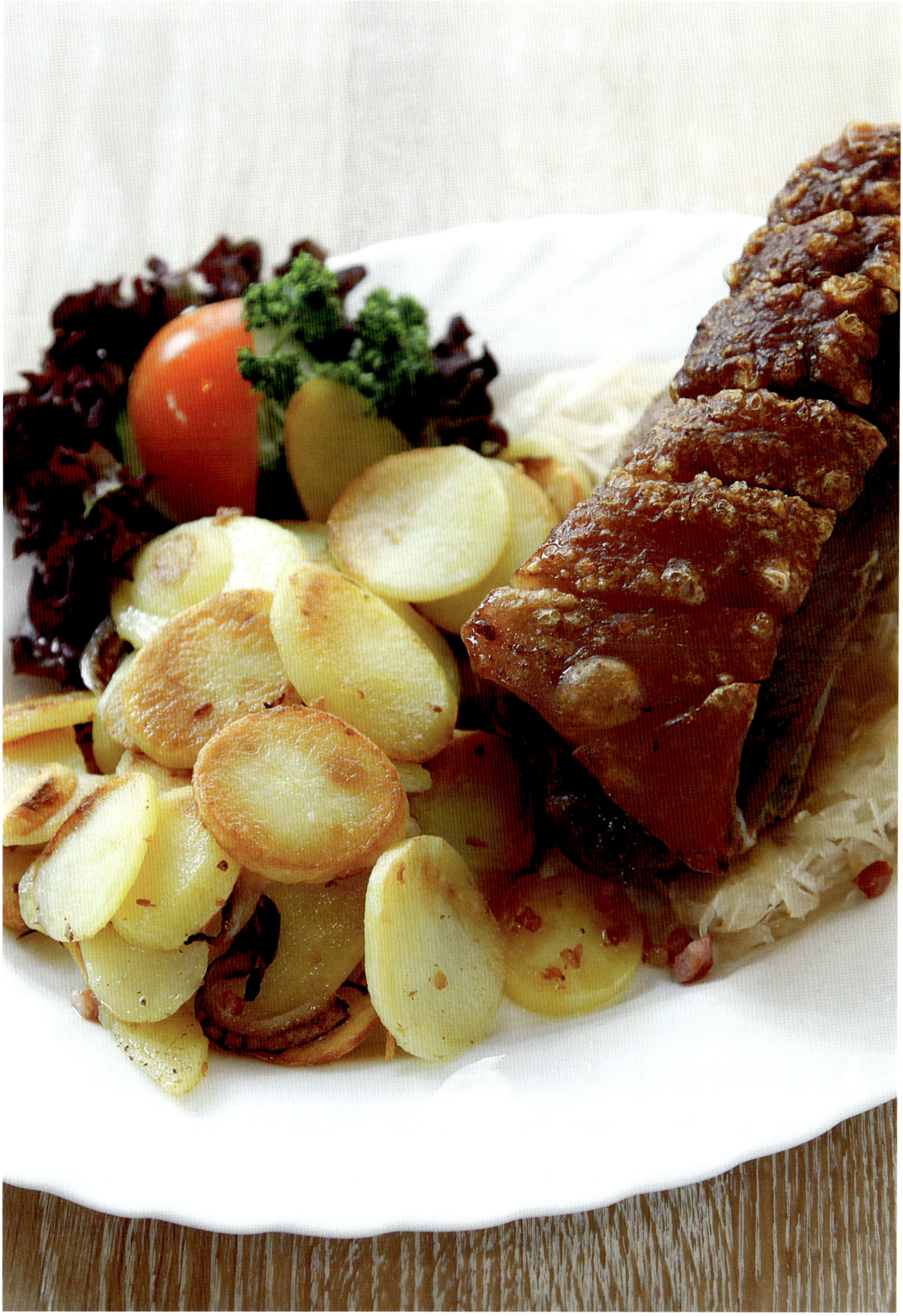

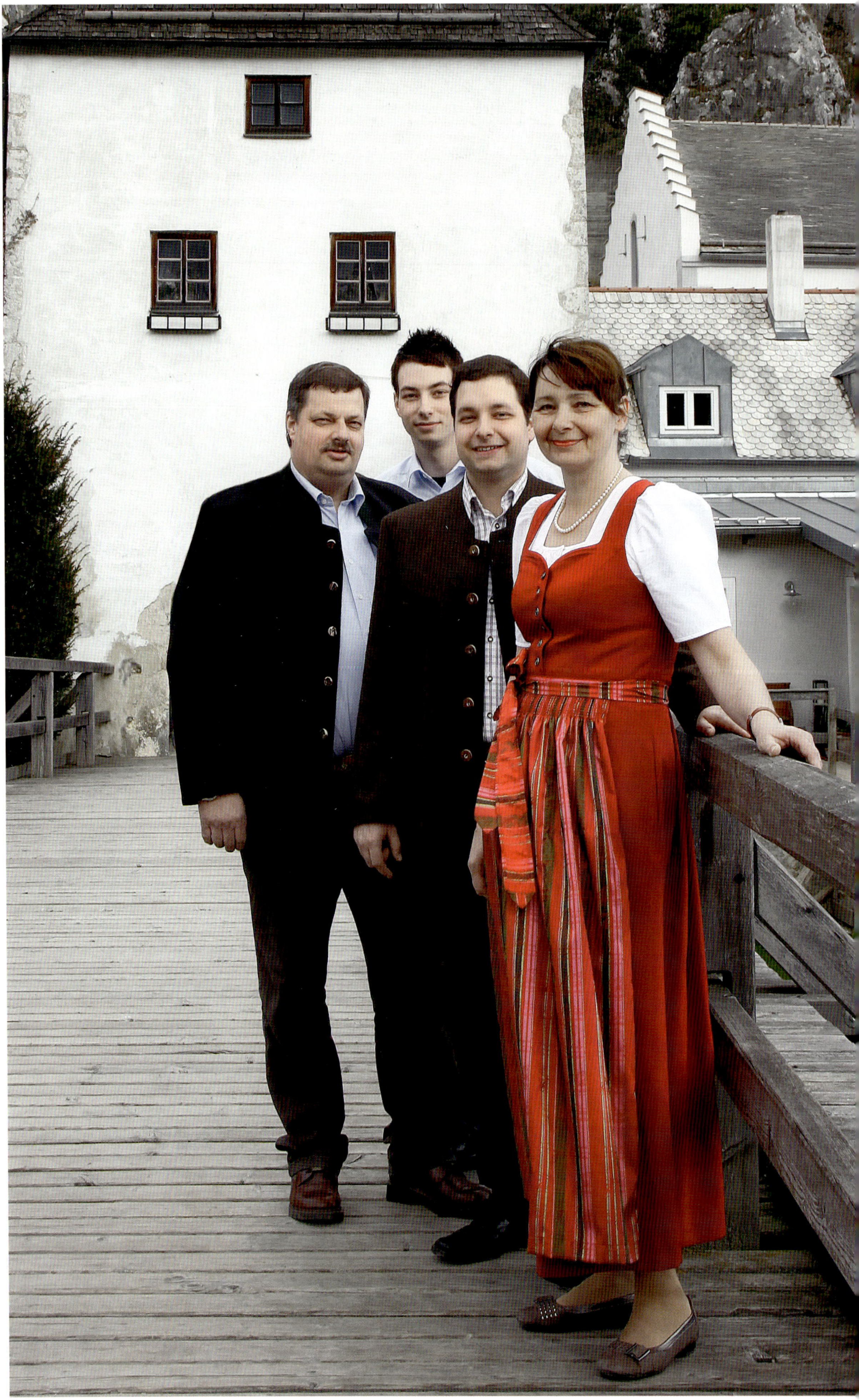

7

Schmankerl zwischen Fels und Fluss

Wirt: Josef Schneider
Brauer: Josef und Matthias Schneider
Küche: Ute und Johannes Schneider

Flair Hotel & Brauereigasthof
Schneider
Altmühlgasse 10
93343 Essing

Telefon: 09447/9180-0
Fax.: 09447/9180-20
info@brauereigasthof-schneider.de
www.brauereigasthof-schneider.de

Öffnungszeiten
7.30–24.00 Uhr
Kein Ruhetag April bis Ende Oktober
Ruhetage ab November bis Ostern
Montag und Dienstag

Hotel ganzjährig geöffnet

Auf der Terrasse am Fluss wird Weißbier kredenzt. Träge fließt die Altmühl nach Osten, und eine alte Holzbrücke führt hinüber ans andere Ufer.

Beschaulichkeit hat hier ihre Heimat gefunden. Vogelgezwitscher und das gelegentliche Reifensirren vorbeifahrender Radler ist zu hören. Autoverkehr findet nur statt, wenn man gezielt den kleinen, an steil aufragende Felswände geklebten Ort Essing anfährt. Radwanderer sind es meist, die hier durch die engen Gassen fahren. Kaum einer lässt sich die Gelegenheit zur Rast entgehen und kehrt ein im idyllisch gelegenen Brauereigasthof Schneider.

Eine Familie, zwei Generationen und vier gastfreundliche Menschen sorgen sich hier ums Wohl der fahrtmüden und hungrigen Gäste. Josef Schneider steht an der Theke und lässt frisches Bier ins Glas fließen, für den ersten großen Durst. Man lässt sich in der „Braustub'n" nieder und wirft einen ersten Blick in die Speisekarte. Schnell sind die müden Lebensgeister geweckt, und mit großem Appetit harrt man der kommenden Schmankerl. Vom Hausherrn persönlich geräucherte Forellen, Rohr- und Fingernudeln oder natürlich ganz bayerisch „A ganze Schweinshaxn" machen die Wahl zur Qual. Wirtin Ute Schneider steht in der Küche, assistiert von Sohn Johannes, und kratzt in der Pfanne Kartoffelschmarrn mit gebratenen Gröstl, die es zum Sauerkraut gibt. Ihre große Liebe gilt dem Garten mit seinen Kräutern. Bärlauch

◀ **Die Familie Schneider: Josef und Ute Schneider mit den Söhnen Johannes und Matthias**

Von China zurück nach Essing: Matthias Schneider mit neuen Brauideen.
Johannes Schneider lässt frisches Bier ins Glas fließen.

kommt gern und häufig zum Einsatz, aber „ich mach' auch viel mit Kartoffeln", erzählt sie. „Das sind oft Sachen, die heute fast keiner mehr kennt. Das hab' ich von meiner Oma." Von dieser stammen noch die alten Rezepte urbayerischer Hauskost, die Technik am Herd aber hat sich die gelernte Hauswirtschaftsleiterin selbst beigebracht. „Als wir den Gashof damals übernommen hatten, musste ich da einfach ran."

Josefs Vater war früh gestorben, und so blieb ihm nichts anderes übrig, als schon in jungen Jahren Verantwortung zu übernehmen. Der Betrieb bestand zu der Zeit hauptsächlich aus der Brauerei, die Wirtschaft bot eigentlich nur noch Brotzeiten an. 1985 wagte er gemeinsam mit Ute den Schritt in die Selbstständigkeit und erbaute den Gasthof. Doch ohne die Einkünfte aus der Landwirtschaft, die es noch gab, wäre das Unterfangen zum Scheitern verurteilt gewesen. Und der Bau des Main-Donau-Kanals machte das Leben fast unerträglich. Täglich rumpelten die LKWs mit Abraum durch das kleine Dorf. „Da sind die Krüge aus den Regalen gefallen", erinnert sich der Wirt. Aber die asphaltierten Wege am neuen Kanalufer wurden zum Segen: Radfahren wurde populär und bescherte nun als neuer Tourismuszweig der Region den Altmühl-Radweg und den Schneiders eine ergiebige Einnahmequelle.

Schon um 1900 hatte Großvater Josef Schwaier die „Sommerfrischler", wie sie damals noch hießen, ins Untere Altmühltal gelockt. Eine der reizvollsten und ge-

Gäste sind herzlich willkommen. Das Hotel ist eine behagliche Station am Altmühl-Radweg.

schichtsträchtigsten Gegenden Bayerns, mit Schlössern und Burgen – wie die „Raubburg Randeck", die hoch oben über Essing auf dem Felsen thront. Die Geschichte seines damaligen „Kleinen Brauhaus im Altmühltal" reicht zurück bis ins 17. Jahrhundert. Überm Fluss befinden sich, hinter Buchen verborgen, in einer Felswand die berühmten Klausenhöhlen. Tropfsteinhöhlen, seit langem im Besitz der Familie, in deren kühlen Tiefen Bier gelagert wurde und wo noch vor dem Ersten Weltkrieg der Großvater einen Bierausschank mit Kegelbahn und Schießständen betrieben hatte.

Diese vergnügliche Stätte ist leider nicht mehr und auch das Bier wird heutzutage nicht mehr dort, sondern in den Stahltanks der dem Gasthaus benachbarten Brauerei gelagert. Hier liegt der Wirkungsbereich von Vater Josef und Sohn Matthias. Dieser ist seit wenigen Jahren auch dabei und greift nun spürbar in die Geschicke des Brauens ein. Der junge Braumeister hatte jedoch erst Fernluft schnuppern wollen, ehe er an den heimischen Braukessel zurückkehrte. Ein Flugticket entführte ihn vor fünf Jahren nach China ins ferne Wuxi im Auftrag der „Paulaner Bräuhaus Consulting". 160 Kilometer westlich von Shanghai hatte er im „Kempinski Hotel" eine Brauanlage aufzubauen und dann Bier zu brauen – nach deutschem Reinheitsgebot. Welche Aufgabe für einen Berufsanfänger – aber auch welche Chance! Ein Jahr lang gewöhnte er die Chinesen an bayerisches Bier und kehrte schließlich weltgewandt nach Essing zurück. Kein Wunder, dass er neue Ideen verwirklichen will. „Besonders die verschiedenen Hopfensorten reizen mich", erzählt Matthias, „da kann man dem Bier ganz neue und interessante Aromen geben."

Ausflugstipps

Ein sehr schönes Wandererlebnis genießt man auf dem Altmühl-Panoramaweg von Essing aus und auch der „Kunstweg an Fels & Fluss" ist für viele Überraschungen gut. Überhaupt verbinden sich im Altmühltal Kultur und Natur auf immer wieder neue Art und Weise. Unbedingt zu empfehlen ist ein Ausflug zum Kloster Weltenburg und zum wildromantischen Donaudurchbruch. Eine ungewöhnliche Zeitreise erlebt man im Archäologiepark Altmühltal (am Altmühlradweg gelegen), wo man urplötzlich in die Welt der Kelten versetzt wird. Die Burgruine Randeck lohnt einen Besuch ebenso wie die „Befreiungshalle Ludwig I". Ob Augustiner oder Benediktiner – die Mönche in früheren Zeiten wussten, wo es schön ist. Etliche Klöster geben Zeugnis davon. Kinder und Erwachsene lieben die Donau-Seilfähren Weltenburg-Stausacker und Eining-Hinheim: Umweltfreunlich über den Fluss, Seele baumeln lassen und ausspannen…

Zwischen Fluss und Fels: Markt Essing mit dem Brauereigasthof Schneider

Forellen, in Butter gebraten, mit Tomatengemüse, Weißweinsauce und Schlosskartoffeln

Forellen   4 Regenbogenforellen, je 350 g, küchenfertig |
Mehl zum Wenden | Meersalz | Zitronensaft | Pfeffer aus der Mühle |
50 g geklärte Butter/Butterschmalz

Gemüse   Butter | 150 g Lauchzwiebeln | 150 g Kirschtomaten |
¼ l trockener Weißwein | ¼ l Fischfond, weiß | 2 TL Bärlauchpesto |
1 EL Gartenkräuter | ⅛ l süße Sahne

Schlosskartoffeln   500 g festkochende Kartoffeln | Butter | Petersilie

■ Die Forellen waschen, innen und außen mit Zitronensaft, Salz und Pfeffer würzen und in Mehl wenden.
■ Die Kartoffeln waschen, schälen und in halbmondähnliche Form von 5 cm Länge mit stumpfen Enden schneiden, in Salzwasser bissfest garen.
■ Die Forellen in geklärter Butter beidseitig bei mäßiger Temperatur braten (jeweils ca. 5 Minuten).
■ In einer Stielpfanne Lauchzwiebeln und geviertelte Tomaten in Butter anbraten, mit Weißwein angießen und einkochen lassen. Den Fischfond angießen, Sahne zugeben und einköcheln lassen. Mit Bärlauchpesto und gehackten Kräutern verfeinern.
■ Die Schlosskartoffeln in Butter und Petersilie schwenken und mit den Forellen servieren.

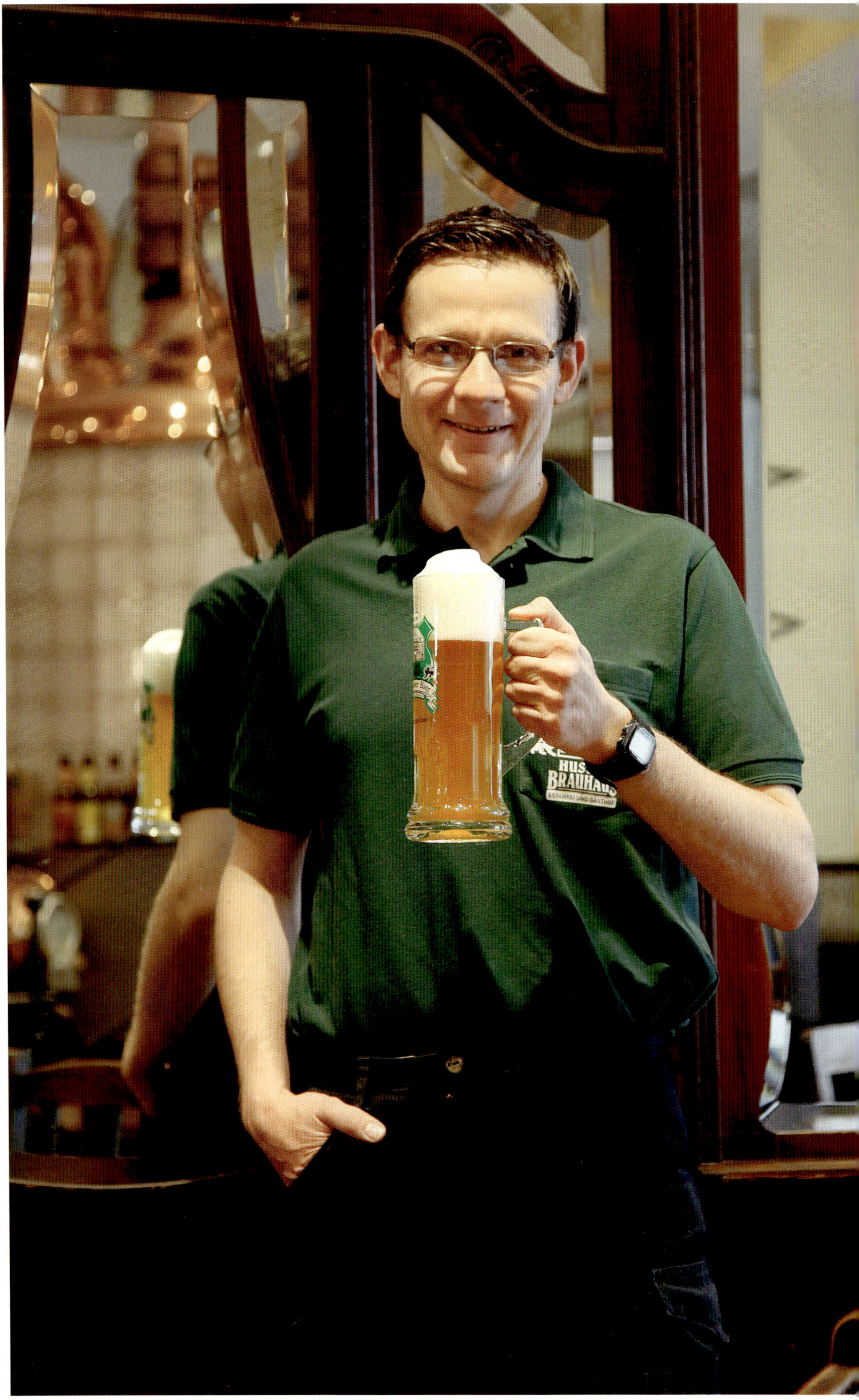
BRAUHAUS
BRAUEREI UND GASTHOF

8
Bierleidenschaft mit Ecken und Kanten

Hausherr: Karl-Heinz Häuber
Diplom-Braumeister: Jens Nachtwein
Küchenchef und Leiter der Gastronomie: Peter Studt

Best Western Theodor Storm
Hotel & Husums Brauhaus
Neustadt 60–68
25813 Husum

Telefon: 04841/89660
Fax: 04841/81933
info@bw-theodor-storm-hotel.de
www.bw-theodor-storm-hotel.de
www.husums-brauhaus.de

Öffnungszeiten
Sommer täglich 15 Uhr bis Schluss
Winter Montag–Samstag 17 Uhr bis Schluss, Sonntag Ruhetag

Krabben satt, Labskaus und Deichlämmer – diese Assoziationen begleiten den Reisenden auf dem Weg nach Norden. Husum, die graue Stadt am Meer, empfängt uns mit kühler Nordseefrische.

Erst einmal tief Atem holen und würzige Seeluft tanken. Weiße Wolkenhaufen jagen über einen blauen Frühjahrshimmel und dickwollige Schafe grasen stoisch hinterm Deich. Nordische Bilderbuchszenen. Grau-bleiern leckt die See am Strand und hinterlässt schaumige Schlieren im Sand. Der steife Wind zerrt an der Jacke und treibt uns schließlich stadteinwärts, in den Schutz der kleinen Gassen rund um den Hafen.

Nur wenige Schritte sind es bis zur gastlichen Stätte: Hoch aufragend erhebt sich der mächtige Giebel des „Theodor Storm Hotels" über der kleinen Straße. In seinen Mauern, hinter steingefassten Rundbogenfenstern, liegt unser Ziel: Husums Brauhaus.

Das Land ist flach im Norden. Platt ist leider auch die Bierlandschaft, die seit geraumer Zeit von wenigen Großbrauereien mit Fernsehbieren dominiert und geschmacklich vereinheitlicht wird. Der Bierkenner trauert, und die regionale Vielfalt, für die Deutschland einst berühmt war, kämpft ums Überleben. Doch es gibt sie noch, die „Bier-Asterixe", die die Brauerfahne hochhalten, die kreativ und mit großer Leidenschaft gegen den Trend ihre eigenwilligen Biere brauen.

In Husums Brauhaus hat Jens Nachtwein ebenfalls die Fahne gehisst. Der gebürtige Thüringer hatte 2004 einer Berliner Großbrauerei mit Freude den Rücken gekehrt, als er das Angebot er-

Eine schmucke Fassade ...

◀ **... und ein freundlicher Braumeister: Jens Nachtwein**

Hier entsteht Bier mit persönlicher Note ...

... und hier wird es mit Genuss getrunken.

hielt, in Husum Biere nach eigenem Gusto zu brauen. „Ich konnte hier endlich zeigen, was ich kann. In Großbrauereien gibt es eine oder zwei Biersorten mit festen Rezepten", erklärt er, „da kann man nichts ändern, nicht spielen." Hausherr Karl-Heinz Häuber lässt ihm völlig freie Hand und der Brauer gibt sofort Gas. 16 Biere braut der Diplombraumeister mittlerweile übers Jahr, Husumer Hell, Dunkel, Weizen im Sommer und Bernstein im Winter gehören immer dazu. Die Jahreszeit und seine Experimentierlust prägen die weiteren Sude. Dabei entstehen auch Biere mit Ecken und Kanten, die nicht jedem seiner Gäste munden wollen. Doch dafür braucht es eben eine Hinführung, Erklärungen und viel Probieren. Nachtwein gibt gerne Hilfestellung, schreibt ausführliche Texte zum „Bier des Monats", und jeden dritten Dienstag im Monat versammelt er Interessierte zum Gespräch am Braumeister-Stammtisch. Und wie schön: das erste Bier geht immer aufs Haus!

„Letzten Monat haben wir ein Haferbier gebraut, mit 60 Prozent Hafer. Das hatte einen ganz blumigen Geschmack", erzählt er.

Bistro-Feeling neben Braukesseln

Wie viele seiner Kollegen holt er sich auch Inspiration aus der US-amerikanischen Bierszene. Teilweise werden dort hochinteressante Biere wie das stark gehopfte und alkoholmächtige IPA (India Pale Ale) gebraut, die sehr angesagt sind, aber für eine deutsche Bierzunge höchst ungewohnt schmecken. Doch auch damit hat er sein Publikum faszinieren können. Das strömt ebenso gerne wie zahlreich des Abends ins Brauhaus mit Bistro-Feeling, um sich rund um die Braukessel genussvoll den flüssigen Köstlichkeiten des Hauses zu widmen.

Verständlicherweise erfordern diese auch eine entsprechend herzhafte Unter- respektive Beilage. Dafür steht nun Peter Studt, seines Zeichens Chef des Küchenteams, hinter den Kulissen. Der aus Bad Segeberg stammende Koch hatte eigentlich die Meere durchkreuzen wollen, konnte diesen Traum jedoch nie verwirklichen und warf nun vor drei Jahren in Husum Anker. Krabben häuft er auf Schwarzbrot, schiebt Flammkuchen in den Ofen und rühmt sich, die leckersten Spareribs der Westküste zu servieren. Norddeutsche Hausmannskost mit Schmackes, wo auch das Labskaus nicht fehlen darf. Lecker und wohlproportioniert ist auch der Nordseeteller: Lamm mit Bohnengemüse und Kartoffelstampf im Strudelteig. Deichlämmer von der naheliegenden Halbinsel Nordstrand liefern hierzu das würzige Fleisch.

Zu vorgerückter Stunde ist der Geräuschpegel merklich gestiegen. Alle Tische und Barhocker sind besetzt und selbst Hausherr Häuber steht mit am Tresen. Reicht Teller um Teller den jungen Servicemädels, die damit von Tisch zu Tisch eilen. In Husums Brauhaus gehen Bier und Lichter noch lange nicht aus.

Ausflugstipps

Vom Hotel aus sind Husums Sehenswürdigkeiten nicht weit: Zum Nordsee- und zum Schifffahrtsmuseum und auf literarischen Spuren ins Theodor-Storm-Haus ist es ein Katzensprung. Vom Husumer Wasserturm aus hat man einen weiten Blick auf Land und Wattenmeer, und das Schloss vor Husum ist eine Sehenswürdigkeit, besonders zur Zeit der Krokusblüte. Die Nord-Ostsee-Bahn und die Regionalbahn bedienen von Husum aus zahlreiche Ziele von Westerland bis Kiel. Der Husumer Hafen ist Stützpunkt für den Küstenschutz und immer wieder Anlegestelle für Großsegler und Museumsschiffe. Übrigens: Wenn man meint, den einen oder anderen Platz schon gesehen zu haben, ist das kein Trugschluss, denn Husum ist eine beliebte Filmkulisse seit den 1930er Jahren.

Labskaus nach friesischer Art

600 g gepökelte Rinderbrust | 1 l Rinderfond | 2 Gewürznelken | 1 Lorbeerblatt | 5 schwarze Pfefferkörner | 100 g Zwiebeln | 600 g geschälte Kartoffeln | 200 g gekochte Rote Bete mit Fond | 200 g Gewürzgurken mit Fond | Salz | Pfeffer | 4 Rollmöpse oder Bismarckheringe | 4–8 Eier

■ Die Rinderbrust unter kaltem Wasser abspülen. Den Rinderfond mit den Gewürzen aufkochen. Das Rindfleisch einlegen und ca. 1½ Stunden bei geringer Hitze garen. Nach etwa einer Stunde die Zwiebeln und die Kartoffeln hinzugeben und zu Ende garen.
■ Fleisch, Kartoffeln und Zwiebeln herausnehmen und mit der Hälfte der Roten Bete und Gewürzgurken durch den Fleischwolf drehen.
■ Die Masse mit der Fleischbrühe, Fond von der Roten Beete und den Gewürzgurken nach Geschmack und gewünschter Konsistenz aufkochen; mit Salz und Pfeffer abschmecken.
■ Auf einem Teller anrichten und mit einem oder zwei Spiegeleiern belegen.
■ Dazu reicht man eine saure Beilage, bestehend aus Scheiben von Roter Bete, Gewürzgurkenfächer und Rollmops oder Bismarckhering.
■ Am besten schmeckt dazu ein Glas frisch gezapftes „Husumer Bernstein".

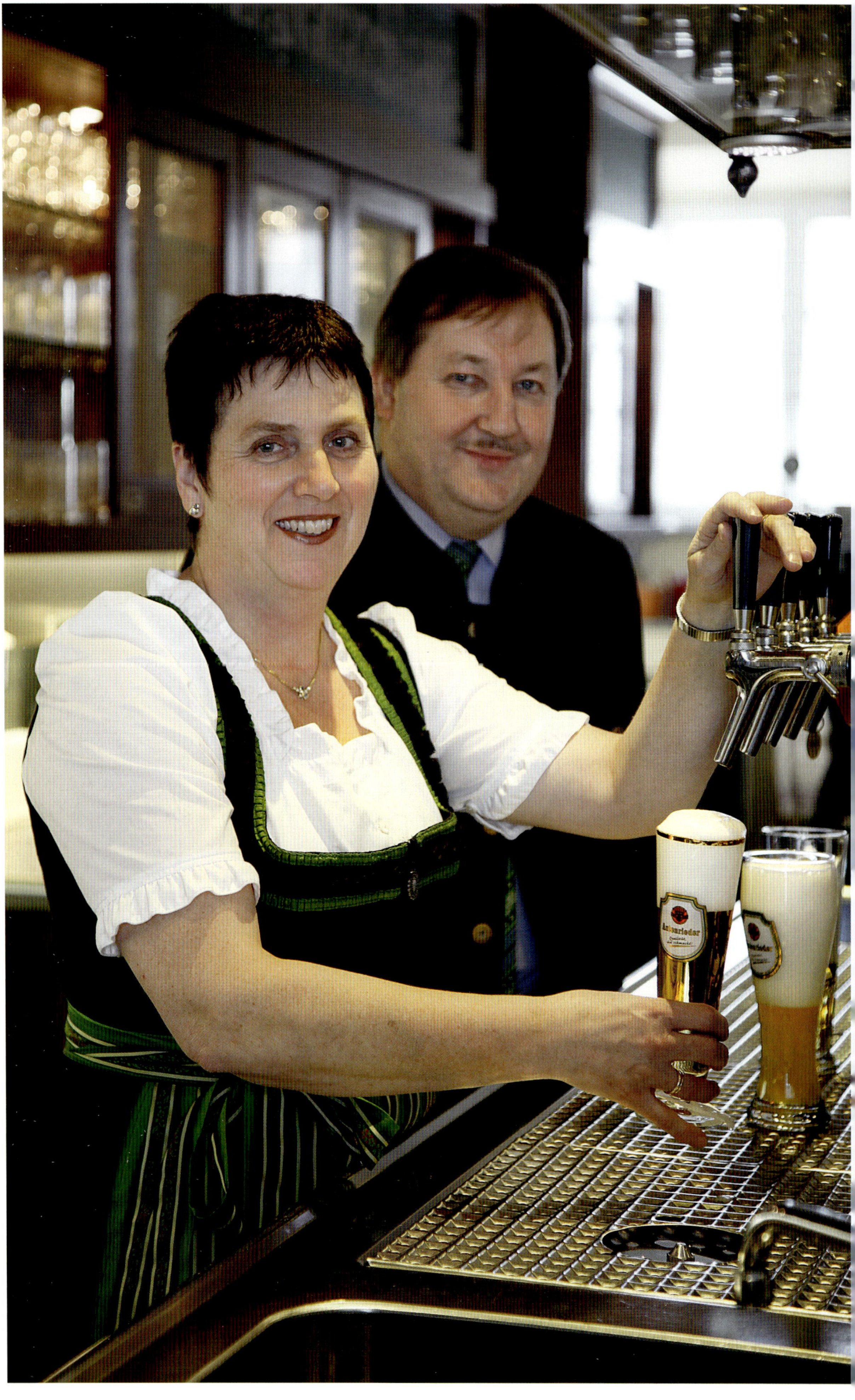

9
Oase im Barockwinkel

Wirte: Celia und Rudolf Feuchtmayr
Braumeister: Rudolf Feuchtmayr
Küchenchef: Bert Zimmermann

Autenrieder Brauereigasthof
mit ****Wohlfühlhotel
Hopfengartenweg 2
89335 Ichenhausen / OT Autenried

Telefon: 08223/9684-40
Fax: 08223/9684-80
info@brauereigasthof-autenried.de
www.brauereigasthof-autenried.de

Öffnungszeiten
10.30–23.00 Uhr, kein Ruhetag
Warme Küche 11.30–14.00 Uhr
und 17.00–21.00 Uhr

Auf dem flachen Land, im Dreieck zwischen den Autobahnen A7 und A8, verbirgt sich eine Oase der Ruhe, ein freundliches Fleckchen der Gastlichkeit. Im Schwäbischen Barockwinkel, in den auferstandenen Mauern des „Niederen Schlosses", ist der Autenrieder Brauereigasthof beheimatet.

Die Feuchtmayrs sind Gastgeber mit Leib und Seele. Das spürt man, das sieht man. Die Hausherrin lacht mit einer natürlichen Freundlichkeit, die dem Gast sofort signalisiert: Hier bist du willkommen. Hier sollst du dich wohlfühlen. Das ist das Credo des Hauses, das über allem geschrieben steht – unsichtbar, aber immer präsent. „Ich bin ein Frühmensch", meint sie, „ich bin morgens die Erste, wenn die Gäste auschecken, und plane den Tag." Der Gatte, Brautechniker und Kaufmann, beginnt den Tag in der Brauerei und steuert das große Unternehmen hinter den Kulissen. Jedoch am Abend ist Rudolf Feuchtmayr Wirt und Gastgeber. Da zapft er sich ein schäumendes Weizen, setzt sich zu den Gästen und erklärt immer wieder gern, was es so mit dem Bierbrauen auf sich hat.

In der ursprünglich kleinen Brauerei wurde schon im Jahre 1650 Bier gebraut. Doch erst 1912, als Vorfahr Alois Rudolph den Betrieb erwarb, kam die Brauerei in den Besitz der Familie. Selbiger Vorfahr hatte noch in Pilsen das Brauen erlernt und so strömte 1920 das erste Pilsener Bier Schwabens in der Autenrieder Brauerei aus dem Zapfhahn. Feuchtmayrs Vater ist ein begnadeter Tüftler. Ihm ist es auch zu verdanken, dass hier schon vor 40 Jahren das erste vollautomatische Sudhaus der Welt seinen Betrieb

Eines der Familienwappen der verschiedenen Herren von Autenriet in den bleiverglasten Fenstern im Bräustüble

◀ **Die Wirte Celia und Rudolf Feuchtmayr**

**In der Schlossbrauerei:
Malz und Natur-Doldenhopfen,
Gär- und Lagertanks**

aufnahm. Heute zeugen eindrucksvolle Kolonnen glänzender Lagertanks von der Größe des Betriebes, der die umliegende Region mit Flüssignahrung versorgt. Natürlichste Rohstoffe wie aromatischer Doldenhopfen oder eigenes Malz sind die Grundlagen. Dazu kommt modernste Technologie zum Einsatz, um Energie und Wasser zu sparen und zurück in den Produktionsablauf zu führen. Die sogenannte „Autenrieder Kreislaufwirtschaft" ist das zugrunde liegende Konzept. Feuchtmayr erklärt: „Nichts wird weggeworfen, alles wird wiederverwertet." Die gesamte Produktion ist autark. Vom Halm bis zum Glas – alles in einer Hand, vom Gerstenkorn bis zum fertigen Bier. „Wir pflanzen eigene Gerste und Brauweizen an, machen unser eigenes Malz. Und das zweite Standbein ist unser Mineralbrunnen. All dies schenken wir auch in unserer Gaststätte aus."

Vor rund zehn Jahren stand plötzlich das seinerzeit ziemlich ramponierte „Niedere Schloss" zum Verkauf. Die Feuchtmayrs griffen beherzt zu und beschlossen, der Brauerei ein Hotel mit Gastronomie und Wohlfühlbereich anzugliedern. „Wir wollten eine Erlebniswelt rund ums Bier schaffen. Mit Brauereiführung, Biermuseum und Gaststätte." Viel Zeit, mancher Schweißtropfen und ein Batzen Geld flossen in die umfangreiche Renovierung des 500 Jahre alten Gemäuers. Dies alles wurde realisiert im Spagat zwischen Denkmalschutz und energie- und umweltbewusstem

Bauen. Mit Sollnhofer Platten, Eiche und hell verputzten Wänden erhielt das historische Gebäude seine ursprüngliche Eleganz zurück. Das Haus atmet Tradition und doch begegnet einem alles in modern wiederbelebter Leichtigkeit. Am 30. November 2009 war es endlich so weit: Auch in der Braugaststätte waren die Tische gedeckt, der Tresen gewienert – die Gäste konnten kommen.

„Doch das schönste Ambiente ist nichts wert, wenn das Essen nicht schmeckt", meint Celia Feuchtmayr, „da gehören vor allem freundliche Mitarbeiter und nicht zuletzt eine gute Küche dazu." Die sympathische Gastgeberin weiß, wovon sie spricht. Bayerisch-schwäbische Gastlichkeit, auch bei Speisen und Getränken, wird hier tagtäglich praktiziert. „Das Kochen habe ich von meiner Schwiegermutter gelernt und durch eine Ausbildung und Praktika im Hotelfach vertieft. Weil's mir einfach Spaß gemacht hat", lacht sie. In der alten Brauereigaststätte hatte sie noch selbst am Herd gestanden, heute aber dirigiert Bert Zimmermann das Geschehen in der Küche. „Er hat sein Handwerk von Grund auf gelernt und war als Küchenmeister in renommierten Häusern tätig", meint sie, „das Schöne ist, dass es wie früher bei uns urschwäbische Spezialitäten wie Schweinsbraten, saure Leber oder deftige Brotzeiten gibt. Dazu aber natürlich auch spannende moderne Kreationen, verfeinert mit unseren Bierspezialitäten. Diese Mischung macht unseren Brauereigasthof so interessant."

Perfekte Technik:
der Schankbalken im Bräustüble mit vollautomatischer Zapfanlage

Ausflugstipps
Günzburg mit seiner historischen Altstadt und Leipheim mit dem alten Brauhaus sind Ziele in der näheren Umgebung mit Möglichkeiten zu Stadtführungen. In Autenried und Ichenhausen können mehrere Museen (Brauereimuseum, Ikonenmuseum, Schulmuseum u. a.) und ein jüdischer Friedhof besichtigt werden. Zum Ulmer Münster oder dem alten Ulmer Fischerviertel sind es gerade einmal 23 km, auch Augsburg ist über die nahe Autobahn in kurzer Zeit erreichbar und das Legoland in Günzburg ist vor allem für Kinder eine Attraktion.

Gemütlichkeit mit Kachelofen im Bräustüble

Weißwurstsalat mit Weizenbier-Senf-Dressing

Pfiffig, lecker und genau richtig für den Sommer!

4 Paar Weißwürste | 50 g rote Zwiebel | ½ Salatgurke (ca. 80 g) | 80 g feste Tomaten | 80 g gelbe Paprika | 4 Radieschen | Schnittlauch | einige Röschen Ackersalat

Dressing 3 EL süßer Senf | 1 EL mittelscharfer Senf | 1 EL Honig | 50 ml Weinbrandessig | 100 ml Olivenöl | 80 ml Autenrieder Weizenbier, hell | Salz | Pfeffer | Schnittlauch

■ Die Weißwürste in heißem Wasser brühen, aber nicht kochen. Noch warm die Haut abziehen, etwas abkühlen lassen und in ca. ½ cm dicke Scheiben schneiden. Die Zwiebeln schälen und in feine Ringe schneiden. Die Salatgurke waschen und in ca. ½ cm große Würfel schneiden.

■ 2–3 Tomaten kreuzweise einritzen und in sprudelndem Wasser kurz blanchieren, mit kaltem Wasser abschrecken. Vorsichtig die Haut abziehen, entkernen und den Stielansatz entfernen. Anschließend die Tomaten in grobe Würfel oder Streifen schneiden.

1–2 gelbe Paprika waschen, entkernen und ebenfalls in Streifen oder Würfel schneiden. Die Radieschen waschen und in Scheiben schneiden.

■ Für das Dressing den Senf, Honig, Essig und Öl miteinander aufmixen, mit Salz und Pfeffer kräftig abschmecken. Zum Schluss das Weizenbier zugeben.

■ Alle Zutaten in einer Schüssel miteinander vermengen.
Auf Tellern anrichten, mit Schnittlauchröllchen bestreuen und mit Ackersalat dekorieren.

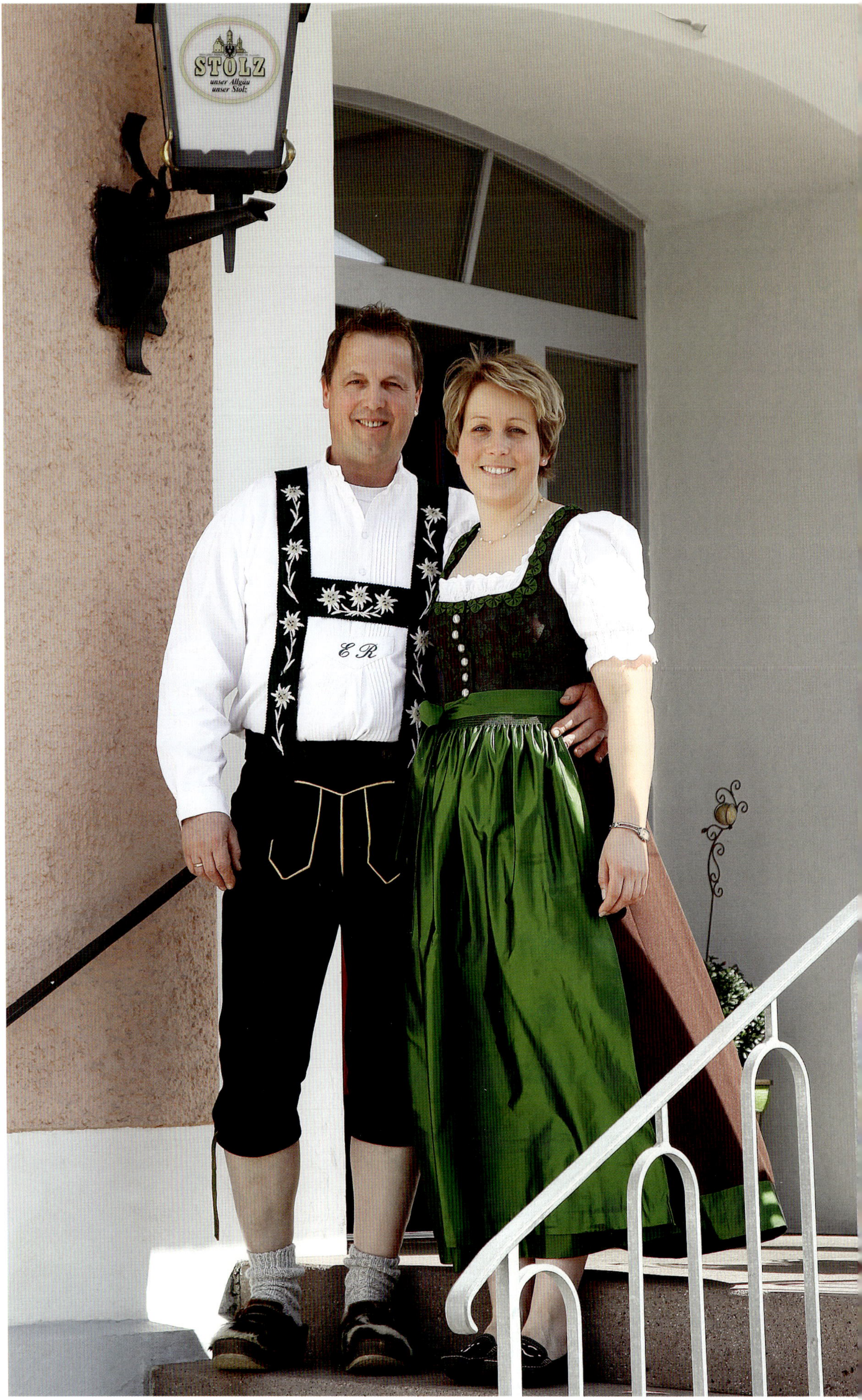
STOLZ
unser Allgäu
unser Stolz

10
An der Weizenbiergrenze

Inhaber und Braumeister: Hans, Josef und Johannes Stolz
Küchenchef: Ernst Ryser
Wirte: Christina und Ernst Ryser

Brauerei Gasthof Engel
Bahnhofstrasse 36
88316 Isny im Allgäu

Telefon: 07562/971510
Fax: 07562/971512
www.engel-isny.de
info@engel-isny.de

Öffnungszeiten
11.00–14.00 Uhr und
17.30–23.00 Uhr
Mittwoch und Donnerstag
Ruhetag (außer an Feiertagen)
Juli bis September Donnerstag
ab 17.30 Uhr geöffnet

Eine unsichtbare Weizenbiergrenze verläuft fünf Kilometer entfernt. Die Trinkgewohnheiten im Allgäu lassen sich nach Aussage von „Engel"-Wirtin Christina Ryser deutlich unterscheiden in bayerische und württembergische. Erstere bevorzugen Hefeweizen, während man hier im württembergischen Isny eher das klare Kristallweizen trinkt. Die familieneigene Brauerei Stolz führt jedoch ganz uneitel beide Sorten im Sortiment, versorgt sie doch Kundschaft „heanet und deanet" (hüben wie drüben).

Frühlingshafte Temperaturen haben helmbewehrte Radler jeglichen Alters motiviert, die Straßen der Gegend in Rudeln zu bevölkern. Immer wieder sausen Pelotons im Stil Tour de France am Gasthof Engel vorbei, der seine Pforten weit geöffnet hat. Unter Sonnenschirmen serviert die junge Wirtin im feschen Dirndl den zahlreich versammelten Gästen kühlen Weizentrunk. Derweil wirbelt Ernst Ryser in der Küche, um die hereinkommenden Bestellungen zeitnah und ansprechend angerichtet fertigzustellen. Teller um Teller geht hinaus, schmackhaft gefüllt mit Allgäuer Spezialitäten. Die Palette reicht vom herzhaften Wurstsalat bis zum knusprig-saftigen Schweinskrustenbraten in Biersauce mit Breznknödel. So richtig allgäuerisch. Viele Rezepte stammen noch von Christinas Oma Maria, die 25 Jahre lang den „Engel" geführt hatte. Der Gerstensaft spielt in der Küche verständlicherweise eine maßgebliche Rolle, da die hauseigene Brauerei mit Tradition, die bis ins 18. Jahrhundert reicht, die dazu benötigten Zutaten in bester Qualität liefert. Bier veredelt die Saucen und geschrotetes

Bierkrug mit Zinndeckel

◀ **Wirtin und Wirt Christina und Ernst Ryser**

Malz verhüllt so manches Stück Fleisch mit würziger Kruste, gibt kross gebratenen Bratkartoffeln den letzten Pfiff.

Aber auch ohne Bier lässt es sich trefflich kochen. „Unser Tafelspitz ist der Renner", meint Ryser, „da kommen Leut' von weit her, nur um Tafelspitz zu essen." Der gelernte Koch hat eine wechselvolle Vita aufzuweisen. Nach der Lehre in Oberstdorf wollte er eigentlich aufs Schiff, hat dort jedoch nie angeheuert, sondern über viele Stationen schließlich in Oberstaufen sieben Jahre als stellvertretender Küchenchef eines Fünf-Sterne-Hotels gearbeitet. Doch er wurde unruhig – und wechselte die Branche. Fortan verkaufte und installierte er Gastro-Kücheneinrichtungen im ganzen Bundesgebiet. Und im Winter war er Skilehrer in den Bergen. 20 Jahre und fünf Millionen Kilometer lang lebte Ryser in und mit dem Auto. Aber ihm fehlten Küchendunst und Action, und so heuerte er bei einem Münchener Caterer an und kochte während der letzten zehn Jahre zusätzlich an den Wochenenden: auf Rockkonzerten, Tennisturnieren und Großevents im Olympiapark. Servierte Steaks für Becker, Stich und Lendl und verköstigte die Stars von Queen, U2 oder Guns'n Roses. „Da wirst du schon süchtig", lacht er, „wenn du in dieser Szene mitmischst."

„Dann habe ich Christina kennengelernt." Er grinst: „Sie hat etwas Ruhe in mein Leben gebracht." Die Restaurantmeisterin erinnert sich: „Wenn ich als kleines Mädchen von der Schule nach Hause ging und mir schon der Duft von frisch eingebrautem Bier

Alte Steinkrüge und verschiedene Malzsorten als „bierige" Dekorationen

Eine der beiden Stuben: das Bräustüble

entgegenkam, war mein erster Gang ins Sudhaus, wo mein Papa am Kupferkessel stand…"

2008 fällte das Paar dann eine wegweisende Entscheidung. Die bislang verpachtete „Engelwirtschaft" in Christinas Elternhaus stand leer, sie griffen zu und kehrten das Unterste zuoberst. Sie renovierten Küche, Gastraum und Zimmer und starteten in das gemeinsame Abenteuer. Der Erfolg überrannte sie fast. „Es war Sommer, Hauptsaison", erinnert sie sich, „und wir waren noch gar nicht richtig organisiert. Tag und Nacht ohne Pause." Heute aber scheint die Sonne übers Allgäu und in die zufriedenen Gesichter der Wirtsleute Christina und Ernst Ryser.

Ausflugstipps

Mitten im Allgäu gelegen und mit vielen Sonnenstunden gesegnet, ist Isny ein idealer Ausgangspunkt für Wanderungen zu Fuß oder mit dem Fahrrad. Ein Muss ist eine wildromantische Wanderung durch den nahegelegenen Eistobel. Im Winter bieten die Berge ideale Wintersportmöglichkeiten für die ganze Familie. Der Hochgratgipfel, markanter Aussichts- und Tourenberg bei Oberstaufen/Steibis, ist ein lohnendes Ziel für einen Tagesausflug und kann bequem per Bergbahn „erklommen" oder sportlich erwandert werden.

Saucen harren ihrer Verwendung, natürlich hausgemacht.

Schweinebäckle, in Zunftratbier geschmort, mit Breznknödeln

Schweinebäckle 1 kg Schweinebäckle | Salz und Pfeffer | 2 EL Öl | Schmorgemüse (2 Zwiebeln, 4 Karotten, ½ Sellerieknolle) | 2 EL Tomatenmark | ½ l Zunftratbier (dunkles Export) | ½ l Rinderbrühe | 1 Rosmarinzweig | Speisestärke

Breznknödel Ca. 8 alte Breze(l)n oder Laugensemmeln | 1 Zwiebel | 1 kleines Bund Petersilie | ca. ¼ l Milch | Salz | Pfeffer | Muskat | 2 Eier

■ Die Schweinebäckle mit Salz und Pfeffer würzen. Anschließend in etwas Öl von allen Seiten anbraten. Die Bäckle aus der Pfanne nehmen.

■ Das grob geschnittene Schmorgemüse in der Pfanne anrösten, Tomatenmark dazugeben und mitrösten. Mit Bier und Brühe ablöschen. Den Rosmarinzweig und die Bäckle dazugeben und ca. 1 Stunde auf dem Herd oder im Ofen schmoren, bis sie weich sind.

■ Die Bäckle warm stellen und die Sauce ungefähr auf die halbe Menge einkochen. Bei Bedarf mit Speisestärke binden und würzen. Das Schmorgemüse je nach Geschmack mitservieren oder entnehmen.

■ Für die Knödel die Breze(l)n bzw. Laugensemmeln kleinschneiden, die Zwiebeln würfeln, Petersilie hacken. Die heiße Milch über die Zutaten geben, mit Salz, Pfeffer und Muskat abschmecken und mischen. Die Eier dazugeben und alles nochmals gut durchmischen. Bei Bedarf Semmelbrösel oder Milch hinzugeben, sodass eine kompakte Masse entsteht. Anschließend zu Knödeln formen, in kochendes Wasser geben und ca. 15 Minuten ziehen lassen.
■ Die Schweinebäckle in Scheiben schneiden und mit den Knödeln und evtl. buntem Gemüse der Saison auf einem vorgeheizten Teller anrichten, die Sauce über das Fleisch geben und mit frischen Kräutern oder einem Rosmarinzweig garnieren.
■ Und dazu ein frisch gezapftes Zunftratbier aus der Brauerei Stolz!

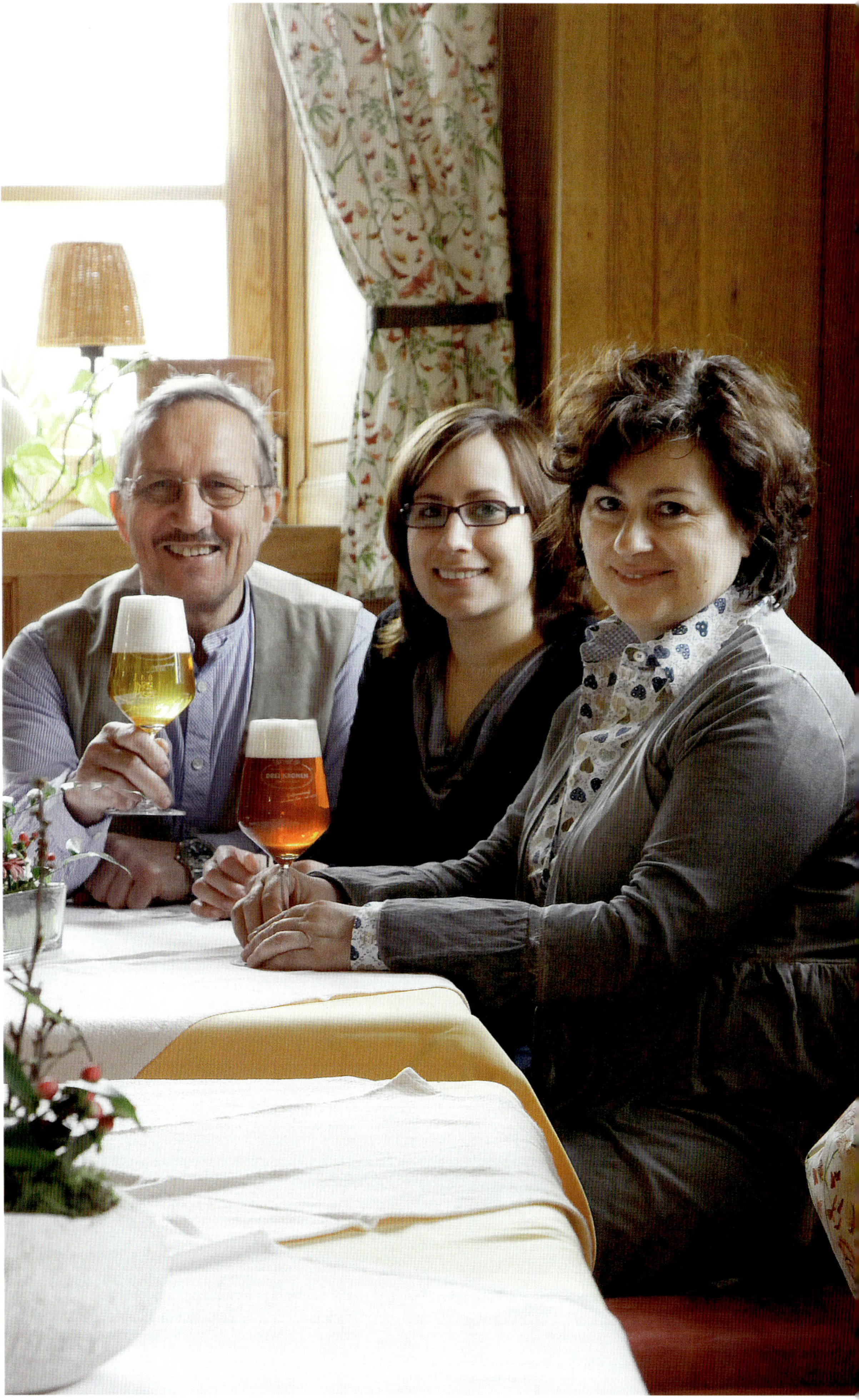

11

Hier wurden Caspar, Melchior und Balthasar neu geboren

Wirt: Hans-Ludwig Straub
Braumeister/in: Hans-Ludwig und Isabella Straub
Küchenchefin: Lieselotte Straub

Brauerei-Gasthof
Drei Kronen
Hauptstraße 19
96117 Memmelsdorf

Telefon: 0951/94433-0
Fax: 0951/944336-6
info@drei-kronen.de
www.drei-kronen.de

Öffnungszeiten
Montag bis Samstag 07.00 bis 23.00 Uhr
Sonntag bis ca. 15.00 Uhr
Ruhetag im Gasthof Sonntagabend und Montagmittag

Der Streifzug durch die Biere des Hauses beginnt mit einer jener Unaussprechlichkeiten, welche die fränkische Zunge zwar lässig bewältigt, die der unbedarft Zugereiste jedoch mit hilflosem Unverständnis registriert. Was sagt Ihnen „Zwetschgäbaamäs"?

Auch Sie sind ratlos? Dann lassen wir Hans-Ludwig Straub vom Brauerei-Gasthof Drei Kronen erklären: „Zwetschgäbaamäs ist ein roher Rinderschinken, dessen Fleisch nach dem Aufschneiden an Zwetschgenbaumholz erinnert." Na also, das haben wir verstanden und widmen uns nun mit großem Appetit der Salatplatte mit eben diesem Schinken – und einem gut gefüllten Glas „Stöffla". Die dunkle Rauchbierspezialität bildet den Auftakt zum Drei-Gänge-Menü des „Bierkulinariums". Dessen erste Etappe, eine Führung durch die Memmelsdorfer Brauerei vor den Toren Bambergs, haben wir schon absolviert, nun folgt Teil zwei, die Praxis, der kulinarische Genuss. „Dabei servieren wir unsere Bierspezialitäten mit dazu passenden Gerichten", erläutert der Wirt. Die Inszenierung ist perfekt, der Einstieg in die bierige Welt der „Drei Kronen" könnte nicht eleganter, Bierphilosophie nicht schmackhafter verpackt sein. Für die kulinarische Begleitung sorgt Lieselotte Straub am Herd mit ganz unprätentiös, aber so überaus lecker zubereiteten Gerichten der fränkischen Küche wie Juralamm, „Schäuferla" oder süßen

Alle guten Dinge sind drei: Drei Kronen...

◀ **... und Drei, die ihr Handwerk verstehen: Hans Ludwig, Isabella und Lieselotte Straub**

Prächtiger Ausleger mit drei Kronen
Neben vielen Spezialitäten sind drei Bierklassiker ständig im Ausschank.

„Apfelküchla". Dem dicken Kochbuch der Großmutter erweist die charmante Dame des Hauses dabei immer wieder liebevolle Referenz.

Die Liebe zu heimischer Kost verbindet sich bei Straub mit der Leidenschaft fürs Bierbrauen: Für Biere, die selbst gebraut sind und die Hand des Brauers erahnen lassen. Unverwechselbar, mitunter eigenwillig, aber immer mit Hausgeschmack. Der Franke widmet sich dabei nicht nur dem eigenen Betrieb, sondern engagiert sich als Vorsitzender seit über 15 Jahren im „Verband Privater Braugasthöfe" für die kleinen Brauereien, die den mächtigen Großbrauereien mit ihren uniformen Fernsehbieren Paroli bieten müssen. Das betreibt er mit fränkischem Witz und großer Überzeugungskraft. Die hier im Buch versammelten Betriebe sind gelebte Beispiele für den Erfolg dieser Bemühungen.

Infiziert vom väterlichen Biervirus ist auch das älteste seiner drei Kinder. Mit Isabella ist das weibliche Element in die Brauerei eingezogen. Sie hat 2008 ihre Meisterprüfung abgelegt und will einmal den Familienbetrieb übernehmen. Schon heute ist sie weit stärker als der Vater ins Geschehen der Brauerei involviert, die auf stolze 555 Jahre Brautradition zurückblicken kann.

Sichtbar am wohlsten fühlt sich Straub in der Rolle als Wirt. Mit bierigem Enthusiasmus und Lilos Küchenleckereien verwöhnt er seine Gäste in den Gaststuben, wo einem in jeder Ecke, in jeder Nische die Heiligen Drei Könige dekorativ begegnen. Und mit einem unerschöpflichen Schatz an Bierwissen führt er den Bierlaien in die Geheimnisse der Braukunst ein, hält ein Bierglas gegen das Licht und demonstriert die Feinheiten des gebrauten Tranks, ermuntert zum Sehen, Riechen und Schmecken von Bierfärbung, Schaumbildung und Hopfenaromen. „Bier ist auch ein Entspannungsbeschleuniger", erklärt er, „durch die dämpfende Wirkung des Hopfens und durch seinen – verglichen mit Wein – niedrigen Alkoholgehalt." Dankbar ist man auch für seinen Kochtipp: „Wenn man Bier in die Sauce gibt, erst vom Feuer nehmen und dann das Bier dazugeben. Bier darf man nicht kochen, sonst schäumt es auf und wird bitter."

Der Bierfreund wird übers Jahr immer wieder überrascht von einem der Spezialbiere, die saisonal oder zu bestimmten Festtagen gebraut werden. Die Ouvertüre macht regelmäßig ein Dreikönigsbier, das mal ein „Caspar" (Schwarzbier), mal ein „Melchior" (bernsteinfarben) oder ein „Balthasar" (Helles) sein kann. Diese Tradition wurde geboren, als beim Neubau des Brauhauses die Eisenpfanne durch eine neue Sudpfanne aus Edelstahl ersetzt werden musste. Zwangsläufig würde der Geschmack des darin gebrauten „Stöffla" nun völlig anders ausfallen – und manchen Stammzecher verprellen. „Irgendwie musste ich also die Vergleichbarkeit verhindern." „Rauchbier ist leider aus", beschied er seinen Gästen an Dreikönig. „Ich muss erst wieder brauen, dafür gibt es jetzt ein ganz neues Bier." Das „Balthasar" war geboren. „Als dann Wochen später wieder ‚Stöffla' aus dem Hahn floss, konnte sich niemand mehr an seinen alten Geschmack erinnern", lacht Straub.

Die Heiligen Drei Könige grüßen von der Fensterbank.

Ausflugstipps

Fast vor der Haustür liegt das Schloss Seehof mit seinem wunderschönen Rokokogarten und den Wasserspielen der wiederhergestellten Kaskaden, die stündlich angeschaltet werden. Wer sich einer Führung durch die prunkvollen Schauräume anschließt, ahnt, weshalb die Fürstbischöfe von Bamberg bevorzugt in dieser Sommerresidenz weilten. Memmelsdorf liegt in der „Fränkischen Toskana" mit abwechslungsreichen Wanderwegen (passend der „Rauchbierwanderweg"). Für bequeme Radwanderungen bietet das Haus Pedelec-Arrangements.

Die Tische in der Gaststube sind gedeckt, die Gäste können sich auf zahlreiche Genüsse freuen.

Gefülltes Schweinefilet mit Karottenflan und Kartoffelbaggers

2 Schweinefilets | ca. 20 Backpflaumen ohne Kern | Salz | Pfeffer | Streuwürze | Butterschmalz zum Braten

Karottenflan   150 g weichgekochte Karotten | ⅛ l Milch | Salz | Pfeffer | Muskat | 2 Eiweiß | etwas Gries zum Binden | fein geschnittener Lauch | Butter

Bierrahmsauce   ¼ l Fleischfond (Konserve oder aus dem Vorrat) | ¼ l süße Sahne | Lagerbier zum Abschmecken

Kartoffelbaggers   1 kg Kartoffeln (fest kochend) | 1 Zwiebel | 2 Eier | Salz und Pfeffer | evtl. Kartoffelstärke zum Binden

■ Aus der Mitte der Schweinefilets 4 Stücke à 200 g schneiden (Reste anderweitig verwenden), der Länge nach mit einem Kochlöffel eine Höhlung hinein drücken und in diese jeweils 5 Backpflaumen füllen. Die Filets rundum mit Salz und Pfeffer würzen und in heißem, geschmacksneutralen Fett von allen Seiten in einer Bratreine anbraten. Dann ca. 30 Minuten in der auf 110 °C vorgeheizten Bratröhre garen.
■ Für den Flan die Karotten pürieren, mit der Milch erhitzen, würzen und etwas abkühlen lassen. Das Eiweiß leicht anschlagen und zusammen mit etwas Gries unter das Püree mischen.

■ Den Backofen auf 180 °C vorheizen und darin ein Wasserbad bereitstellen. Das Karottenpüree in gebutterte Förmchen füllen und im Wasserbad in etwa 25 Minuten garen. Etwas abkühlen lassen und zum Anrichten stürzen. Lauchstreifen in Butter kurz andünsten und mit den Flans anrichten.

■ Kartoffelbaggers sind eine Art Reibekuchen (Kartoffelpuffer): Die Kartoffeln dafür zur Hälfte fein reiben und zur Hälfte grob raffeln. Die Zwiebel fein reiben. Die Eier dazu geben und alles vermischen (die Eier können, müssen aber nicht sein). Die Kartoffelmasse bei Bedarf mit Kartoffelmehl binden und in Butterschmalz knusprig ausbacken.

■ Die Bier-Rahmsauce ist relativ einfach: Fleischfond und Sahne aufkochen, mit Lagerbier abschmecken und sofort servieren.
Die „Drei-Kronen-Küche" bereitet dafür etwas aufwendiger eine Grundsauce aus Schweine- und Rinderknochen und Suppengemüse vor, die wir aus Platzgründen hier nicht ausführlich beschreiben können.

■ Die Filetstücke in dicke Scheiben schneiden, mit Karottenflan und Kartoffelbaggers anrichten und mit Sauce umgießen.

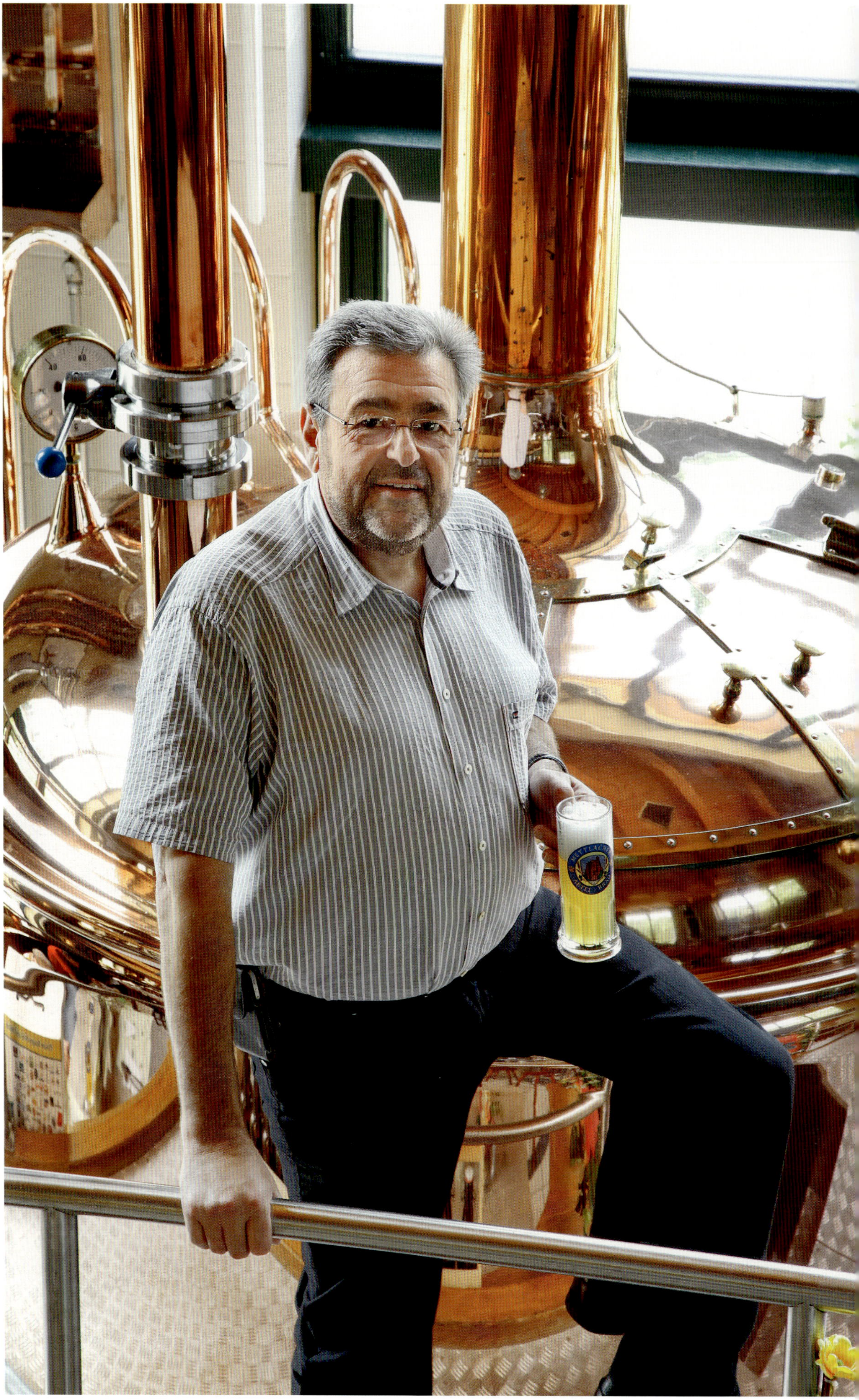

12
Hauptsach gudd gess on getrunk

Gastgeber: Karin und Wolfgang Fell
Küchenchef: Arnold Maus
Braumeister: Dirk Flesch

Mettlacher Abtei-Bräu
Bahnhofstraße 32
66693 Mettlach

Telefon: 06864/9323-2
Fax: 06864/9323-5
info@abtei-brauerei.de
www.abtei-brauerei.de

Öffnungszeiten
Täglich 11.00–25.00(!) Uhr
Küche 12.00–22.00 Uhr
Montag Ruhetag (außer an Feiertagen)
Kein Ruhetag von April bis einschließlich 3. Oktober
Betriebsferien im Januar

Des Wanderers gelobte Raststätte liegt unweit des Saarufers unter einem weitläufigen Dach, wo süffiges „Abtei-Bräu" und deftige Nahrung dem ermatteten Körper zu neuer Tatkraft verhelfen. Im heiter-luftigen Biergarten des gastfreundlichen Braugasthofs frönt man einer bodenständigen Küche, deren Einflüsse unübersehbar aus Saarländer und Lothringer Quellen gespeist werden und deren Preise von wohlmeinenden Menschen kalkuliert sind.

Am Bogen der Saarschleife liegt die kleine Ortschaft Mettlach, Schauplatz unserer Visite. Ein weißes Ausflugsschiff hat seine Taue festgemacht und hinter der Uferpromenade erhebt sich der ausladende Bau einer alten Benediktinerabtei, heute Hauptsitz der bekannten Firma Villeroy & Boch.

Einer wörtlich zu nehmenden Bierlaune von Quereinsteigern ist es zu verdanken, dass in Sichtweite herrlich würziges Bier gebraut und in nächster Nähe zu den beiden mächtigen Kupferbottichen auch gleich getrunken wird. „Wir haben schon öfters daheim in der Küche Bier gebraut", erzählt Wolfgang Fell, von Haus aus Ingenieur für Klima- und Lüftungsanlagen, „und so stand irgendwann einmal die Idee einer Hausbrauerei im Raum." Der Hobbybrauer waren es vier – Wolfgang Fell und seine Frau Karin sowie deren Bruder mit Frau. Auch Mettlachs Bürgermeister konnte man schnell für die Idee erwärmen, und er sorgte für das nötige Grundstück. Nun war das Bier-Quartett am Zug und musste Farbe bekennen. 1997 fiel der Startschuss für das ehrgeizige Projekt. In nur neun Monaten errichteten die Familien Fell und Schorn den eindrucks-

Der Sudkessel fasst 15 Hektoliter.

◀ **Wolfgang Fell, Besitzer und Hobbybrauer**

Biergenuss draußen im teilweise überdachten Biergarten und drinnen im Gastraum des Sudhauses

vollen Brauereigasthof und schon wurde der erste Sud gefahren. „Aber hätten wir gewusst, was da an Arbeit und Stress auf uns zukommt", lacht Fell, „hätten wir das Ganze wahrscheinlich bleiben lassen – und weiter unser Küchenbier gebraut." Ganz hilfreich erwiesen sich bei diesem Unternehmen Schwager Schorns berufliche Qualitäten als Zimmerer und Dachdecker – deutlich wahrzunehmen an den beachtlichen Mengen Holz, die hier verbaut wurden.

Hierzulande sagt man „Hauptsach gudd gess on getrunk" und für den ersten Teil ist Küchenchef Arnold Maus zuständig. Der vor Jahren zugewanderte Hesse hatte Zeit seines beruflichen Lebens meist in Großküchen am Herd gestanden und beherrscht den Umgang mit großer Kundschaft souverän. Auch in Mettlach weiß er die zahlreichen Einkehrer mit herzhaften Gerichten zeitnah zu verwöhnen. „Wenn wenig los ist, steh ich mir nur die Beine in den Bauch", lacht er, „ich brauche den Trubel, dann gehts mir gut. Dann komm' ich in Fahrt." Fein ziselierte Speisen sind auch nicht sein Ding. „Das könnten wir gar nicht leisten bei so vielen Gästen", meint er, „die Leute kommen zu uns und wollen gut und herzhaft verköstigt werden." Und so serviert er ihnen Bierbraten mit Senfkruste, den Senf dazu liefert Fells Tochter aus der eigenen Senfmühle. Oder man wählt Flammkuchen nach saarländischer Art mit Äppelschmeer (Apfelmus), Blutwurst und Zwiebeln. Es gibt „Gefillde" – herzhafte Kartoffelklöße, gefüllt mit Hackfleisch und Leberwurst – mit Speckrahmsauce und Sauerkraut und, und, und. Die Speisekarte mit Saarländer Touch („E mol e gudd Supp", „Do hann mer de Salat"…) setzt schon beim ersten Blick die Magensäfte in Gang.

Nun lebt der Mensch nicht von Speise allein, nein auch vom Biere darf es sein. Und so rinnen auch in Mettlachs Braugasthof feine Hausgebräute die Kehle hinunter. Köstliche Sude gibt es viele, beispielsweise den „Hexensud", den „Josefssud" oder den „Römersud". Die moderne Brauanlage hat er sich von Prinz Luitpold von Bayern fix und fertig einbauen lassen. Die beiden Gär- und Läuterbottiche beherrschen den luftig-hellen Gastraum und bieten alle paar Tage mit dem neuen Sud ein Schauspiel, das seine Zuschauer immer wieder fesselt. Die Hausmarke „Abtei-Bräu", ein Märzen in Bio-Qualität, ist unbestritten der Renner. Fünf Wochen später kommt schließlich das fertige Bier – unfiltriert und ohne Pumpen – im freien Fall vom Ausschanktank im Obergeschoss direkt zum Zapfhahn. Stressfreier kann Bier nicht sein!

Die ungewöhnliche Angabe der Öffnungszeiten bei den obigen Daten zur Adresse ist übrigens Absicht: Bis 25.00 Uhr bedeutet nicht unbedingt 01.00 am nächsten Tag, sondern deutet auf eine eher lockeren Umgang mit der Zeit hin. „Wenn keine Gäste mehr da sind, schließen wir …" Man kann vermuten, dass die gemütliche Atmosphäre wie das gute Essen und Trinken dafür sorgen, dass es ehe später werden kann.

Im Sudhaus kommen die köstlichen Sude direkt von oben zum Zapfhahn und dank des Bodenmosaiks weiß man immer, wo man sein Bier genießt.

Ausflugstipps

Wer seine Freizeit aktiv genießen und sich Appetit für Speis und Trank im Abtei-Bräu holen will, findet in Mettlach viele Möglichkeiten zum Wandern und Radeln. Die Keravision bei Villeroy & Boch lohnt einen Besuch, eine Schiffsrundfahrt durch die Saarschleife oder eine Tagesfahrt nach Saarburg zeigt die landschaftlichen Schönheiten links und rechts der Saar. Einmalig in Deutschland und nur 5 km vom Abtei-Bräu entfernt ist der Wolfspark von Verhaltensforscher Werner Freund – einfach faszinierend! 2.000 Jahre in die Vergangenheit führt ein Besuch der Römervilla Borg mit Herrenhaus, Bad und einer Taverne, in der man wie die alten Römer nach Rezepten des Apicius schlemmen kann.

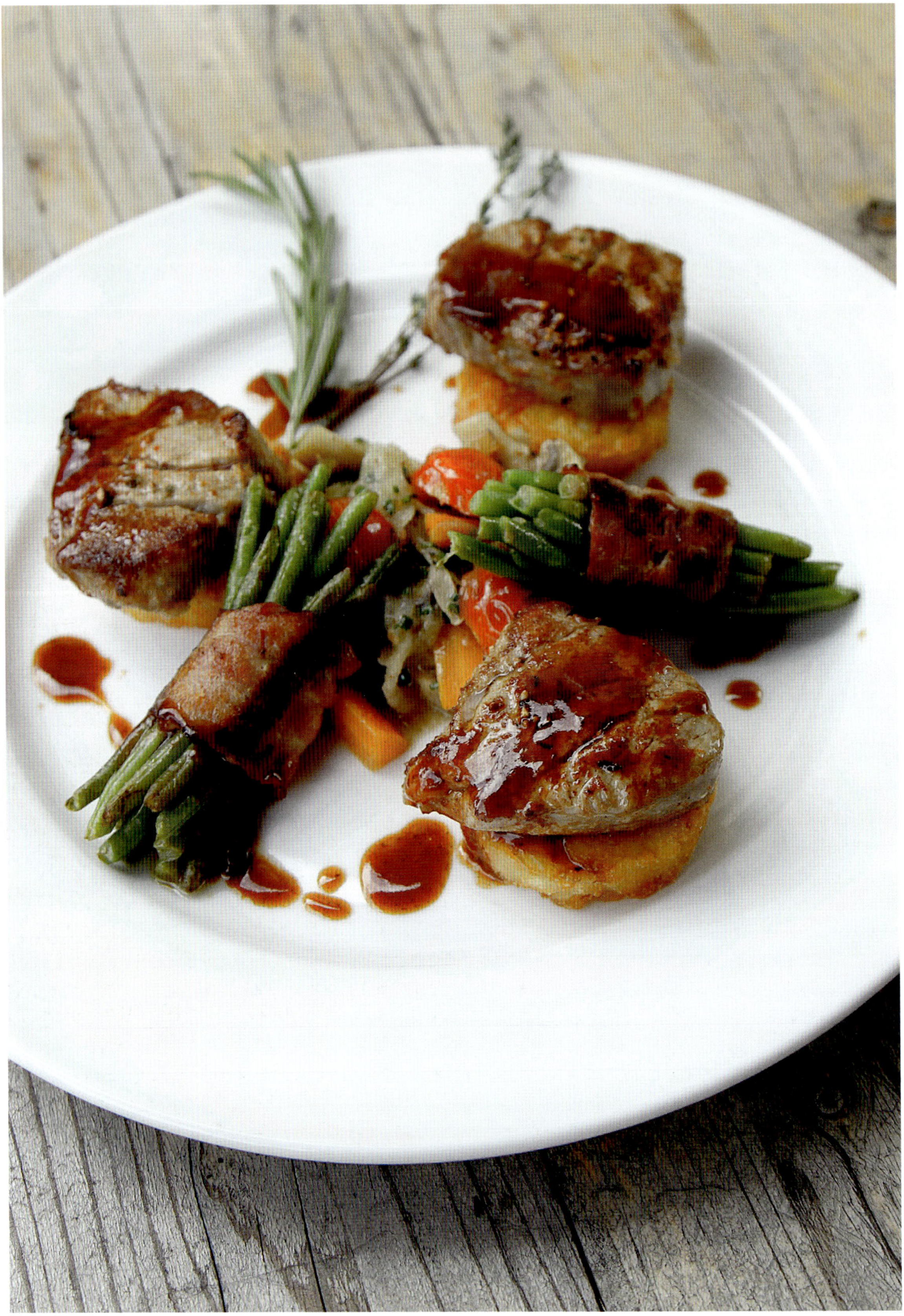

Kalbslendchen auf Zwiebel-Champignons mit Kirschtomaten

12 Scheiben Kalbslendchen oder -filets | 1 Thymianzweig | 1 Knoblauchzehe | 3 EL Olivenöl | 240 g Champignons | 1 Zwiebel | 1 EL Fett für die Pfanne | Salz | Pfeffer | 1 TL Balsamico | 2 EL Abtei-Bio-Senf „Sau sauscharf" | 6 Kirschtomaten

■ Die Kalbslendchen etwas drücken und in Form bringen, mit dem Thymianzweig, der zerdrückten Knoblauchzehe und dem Olivenöl ca. 2 Std. marinieren.

■ Anschließend die Lendchen in einer heißen Pfanne beidseitig anbraten und bei milder Hitze ca. 5 Minuten gehen lassen. Danach aus der Pfanne nehmen und im vorgewärmten Backofen (80 °C) ruhen lassen.

■ Die Zwiebel in Würfel schneiden, die Champignons je nach Größe halbieren, vierteln oder in Scheiben schneiden und in der Pfanne anschwitzen. Mit Salz und Pfeffer würzen, mit Balsamico und Senf abschmecken. Die halbierten Kirschtomaten zugeben und kurz mitdünsten.

■ Als Beilage schmecken Speckbohnenbündchen, die in der Pfanne kurz angebraten werden, und Rösti.

Vom Küchenchef Arnold Maus persönlich serviert: Kalbslendchen auf Rösti mit Speckböhnchen

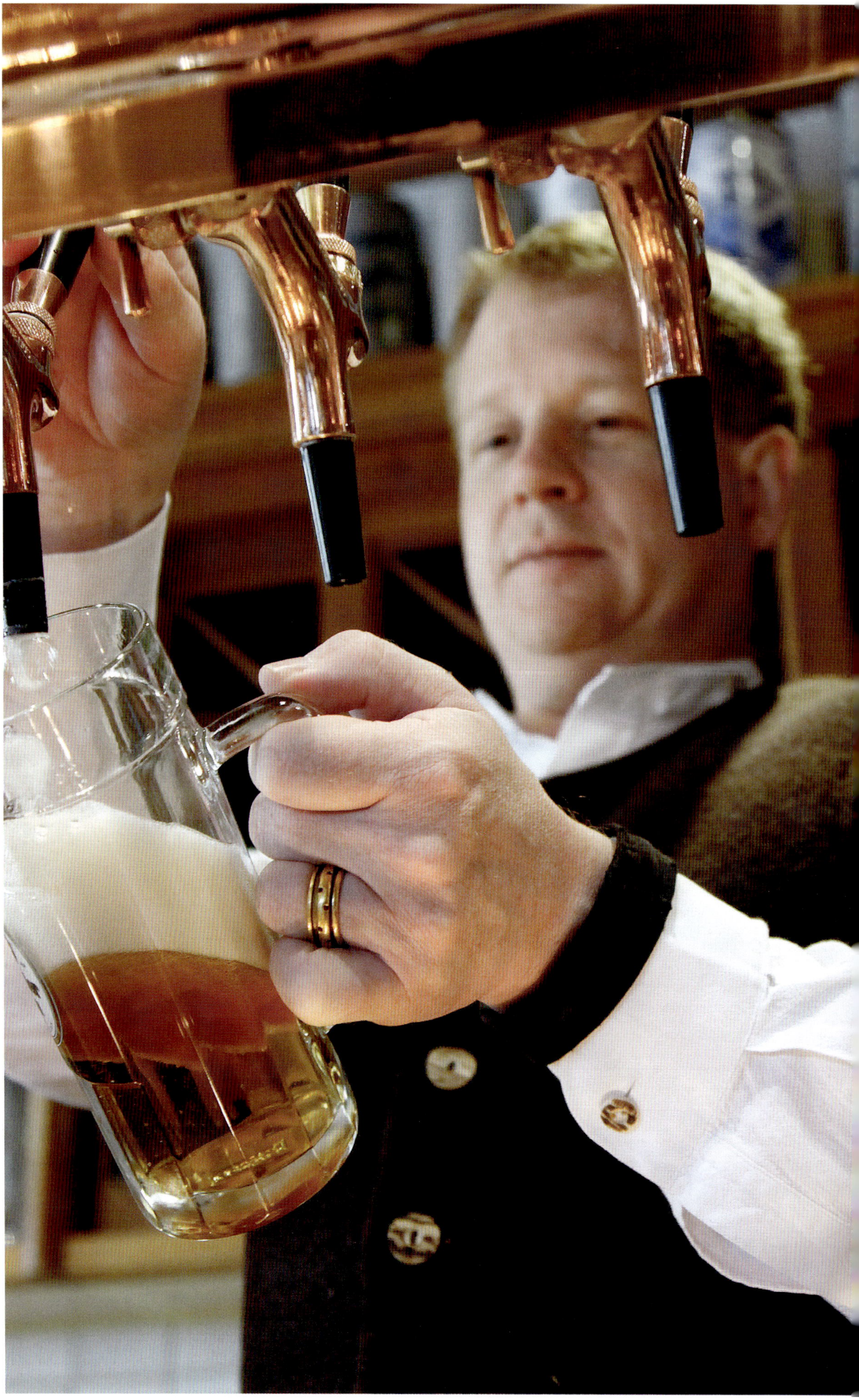

13
Brutzeleck, Zapfwinkel und Bier in Champagnerflaschen

Brauereigasthof Schäffler
Hauptstraße 15
87547 Missen-Wilhams

Telefon: 08320/92015
Fax: 08320/92016
gasthof@schaeffler-braeu.de
www.schaeffler-braeu.de

Öffnungszeiten
Täglich 9.00–24.00 Uhr
Mittwoch Ruhetag

Bräu: Hanspeter Graßl
Wirt: Ingo Burger
Küchenchef: Simon Frey
Braumeister: Dieter und Florian Graßl, Alexander Mayer

Geduld ist vonnöten! Acht Tage muss die Flasche stehend ruhen, bevor ihr kupferfarbener Inhalt behutsam ins Glas fließen darf – bis auf einen kleinen Schluck, damit das Sediment auch in der Flasche verbleibt.

Detailliert und präzise sind die Anweisungen für den Genuss der mit belgischer Trappistenhefe gebrauten Köstlichkeit. Serviert wird das „Franz Anton Schäffler Triple" mit 8 bis 12 °C, in einem Kelch mit breiter Öffnung wie bei einem Rotweinglas, damit dieses Starkbier atmen und sein ganzes Aroma entfalten kann. Erst als Schlussgenuss genehmige man sich nun noch den schmackhaften Rest voller würziger und vitaminreicher Hefe.

Was für ein Aufhebens ums Bier, mag sich da mancher denken – und sich damit als Ignorant outen. Hier zeigt sich, wie wenig noch eine neuerliche Entwicklung in deutschen Landen zur Kenntnis genommen wird, die auch das Bier zu einem kulinarischen Produkt mit faszinierenden Facetten entwickelt hat, was wir beim Thema Wein schon lange als selbstverständlich verstehen. In den sanft geschwungenen Allgäuer Bergen braut die Schäffler Brauerei eine solche Spezialität. Neben ihren klassischen Brauerzeugnissen ist es ein wundervoller Trank mit feincremigem Schaum, in Champagnerflaschen verkorkt und mit über zehn Prozent Alkoholgehalt ein süffiges Starkbier mit Aperitifqualität. Über 140 Jahre wird

◀ **Ingo Burger,**
Geschäftsführer und Wirt

Der schmiedeeiserne Ausleger zeigt schon von Weitem: Hier geht's ums Bier. Der Original-Schäfflertänzer weist auf den Namen der Brauerei hin.

Im Kupferglanz: Die Schaubrennerei

hier schon Bier gebraut und ihrem Vorfahr Franz Anton zu Ehren kreierte die Familie Graßl dieses Bier, das auch in der Wirtsstube und der Küche des eigenen Brauereigasthofs zu Ehren kommt. Hanspeter Graßl und seine Frau Claudia führen mit Unterstützung von Bruder Dieter und Sohn Florian die Brauerei bereits in der fünften Generation, die Geschicke des Gasthofs haben sie in die bewährten Hände von Ingo Burger gelegt. Mit seiner Frau Felicitas und seinen vier Kindern hat der gebürtige Kemptener vor sieben Jahren nach Missen gefunden.

Es ist noch nicht ganz Mittagszeit, doch die ersten Gäste streben schon zielsicher ihren Plätzen zu, wo die Sonne helle Flecken aufs Tischtuch malt. Burger steht am Tresen und füllt gläserne Krüge mit goldfarbenem Gebräu. Der ausgebildete Koch ist mehr im Gastraum als in der Küche zu finden, denn er ist der Wirt. Und diese Funktion füllt er mit glaubhafter Begeisterung aus. Als Gastgeber ist der humorvolle Allgäuer eine Idealbesetzung. Kein lärmig-bunter Abend bei Musik und Haxen-Grill ist ihm zuviel. Er ist der Letzte, der abends zusperrt, aber dies nicht unbedingt schon um Mitternacht. In seinem Reich braten gemütliche Runden ihr Fleisch selbst am „Brutzel-Eck" (einem großen Tisch mit eingelassener Grillplatte) und Geburtstage werden zur feucht-fröhlichen Gaudi im „Zapfwinkel", mit selbst gezapftem Bier aus der Tischtankstelle. Frisch gebraut heißt es auch, wenn der Braumeister an der Mini-Schaubrauerei zu Werke geht. Dieter Graßl hatte die kleinste Brauereianlage der Welt selbst konstruiert und sie damit ins Guiness-Buch der Rekorde gebracht.

Wie man unschwer vermuten kann, ist die Küche hier dem Regionalen gewidmet – und liegt damit auch ganz richtig. Burger – Förderer von

Slow Food – legt dabei großen Wert auf Nachhaltigkeit und Qualität der Zutaten. Die übliche Schnitzelkarte ist ihm ein Gräuel. Lieber kauft er zwölf Rinder pro Jahr beim Bauern am Ort und wenn das Fleisch aufgezehrt ist, gibts einfach keinen Rostbraten mehr. Reh und Hirsch kommen aus heimischer Jagd und die Butter von den umliegenden Alpen. Gut und schön, sagt man sich, das machen heute ja schon Viele. Ja, aber all das ist nichts wert, stimmt es in der Küche nicht. Schon manches Rind ist da ein zweites Mal gestorben. Nicht so unter den Händen der Köche, die im Brauereigasthof am Herd stehen. Die Küchencrew ist voll ambitioniert und wie Burger von der Leidenschaft für gutes Kochen erfüllt. Das Ergebnis: Regionalität, mit Kochkunst eng verbunden – oder um es anders zu formulieren: ein kulinarischer Spaziergang durch die Allgäuer Berge.

Ausflugstipps

Ein beliebtes Ziel für Klein und Groß ist das Allgäuer Bergbauernmuseum in Diepolz, ein Freilichtmuseum, in dem man stundenlang verweilen und immer wieder Neues entdecken kann. Lohnend ist auch ein Besuch der Bergkäserei Diepolz. In Reichweite für einen abwechslungsreichen Tagesausflug ist die „Alpsee Bergwelt" bei Immenstadt mit lauter Superlativen: Deutschlands längste Ganzjahres-Rodelbahn und Bayerns größter Hochseilgarten. Und abgesehen davon kann an heißen Sommertagen ein Bad im klaren Wasser des Alpsees absolut das Höchste sein.

Die Stube (links) und der Zapfwinkel mit Bierhahn (rechts)

Rindsbacken, geschmort in „Franz Anton Schäffler Triple"

2–3 Rindsbacken (je nach Größe) | Olivenöl oder Butterschmalz zum Anbraten | 2 Schalotten | 1 gelbe Rübe | 1 Stück Sellerie | 1 kleine Stange Lauch | 1 EL Tomatenmark | ca. 0,3 l Triple-Bier | 0,7 l Rinderfond | Thymian | Lorbeerblatt | Wacholderbeeren | schwarze Pfefferkörner | Salz | Pfeffer aus der Mühle | evtl. Kartoffelmehl zum Binden

■ Rindsbacken mit Salz würzen und in heißem Öl anbräunen. Schalotten, Gelbe Rübe, Sellerie und Lauch in Stücke schneiden. Rindsbacken aus dem Topf nehmen, das klein geschnittene Gemüse anbraten, bis es Farbe angenommen hat. Tomatenmark einrühren und den Ansatz mit Triple-Bier ablöschen. Mit Rinderfond auffüllen und die Gewürze dazugeben. Rindsbacken wieder einlegen.
■ Den Topf zudecken und im vorgeheizten Backofen bei ca. 150 °C ca. 6 Stunden schmoren lassen, bis die Backen zart sind.
■ Die weichen Rindsbacken aus der Sauce nehmen. Diese um die Hälfte einkochen lassen und abschmecken. Falls wider Erwarten erforderlich, mit etwas kalt angerührtem Kartoffelmehl binden.

Dunkelbier-Crème Brûlée

0,5 l dunkles Weißbier | 50 g Zucker | 0,1 l Triple-Bier | 320 g süße Sahne | 120 g Eigelb | ½ Vanillestange | 1 g Abrieb von einer ungespritzten Zitrone

■ Den Zucker karamellisieren, mit dunklem Weizenbier ablöschen, die längs aufgeschnittene Vanillestange und Zitronenabrieb dazugeben. Auf 120 g einkochen, eine Prise Salz und das Triple-Bier hinzufügen, dann durchpassieren.
■ Die Sahne mit dem passierten Bierfond aufkochen und abkühlen lassen.
■ Eigelb unterziehen, die Masse in Förmchen füllen und im Wasserbad bei ca. 150 °C (Ober- und Unterhitze) 45 Minuten pochieren.
■ Zum Servieren mit Zucker abflammen.

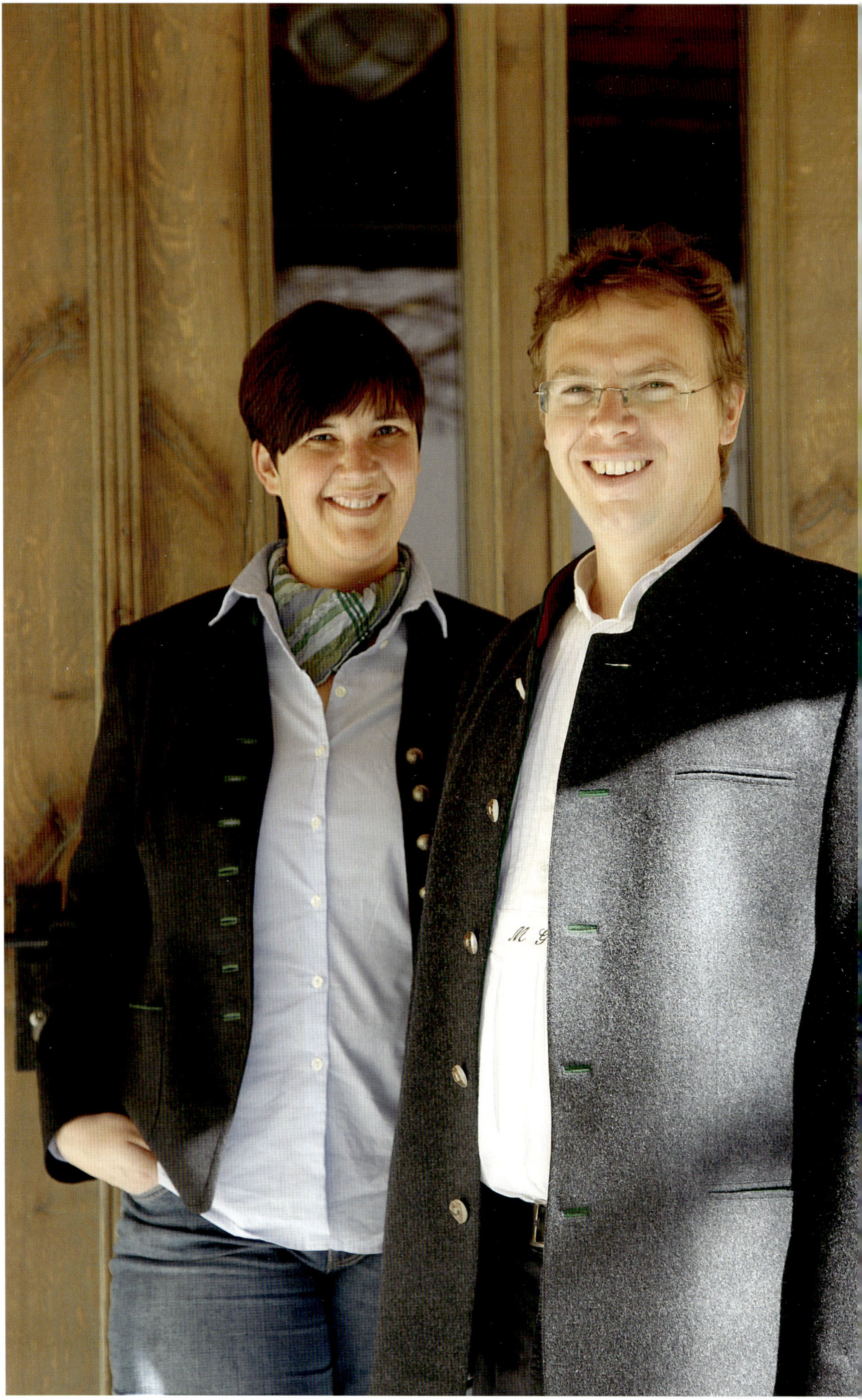

14
Spanferkel auf Schienen im Blauen Land

Wirtsleute: Michael und Barbara Gilg
Küchenchef: Günter Neumann
Brauerei: Braumeister Wolfgang Taubitz

Griesbräu zu Murnau
Obermarkt 37
82418 Murnau

Telefon: 08841/1422
Fax: 08841/3913
info@griesbraeu.de
www.griesbraeu.de

Öffnungszeiten
Gasthof
Warme Küche 11.30–14.00 Uhr
und 17.30–21.00 Uhr
Montag und Donnerstag Ruhetag

Brauhaus
Täglich 10.00–1.00 Uhr,
Warme Küche 11.00–22.00 Uhr

Im „Blauen Land" am Staffelsee machte seinerzeit eine berühmte Künstlergruppe von sich reden, die der Region auch ihren Namen gab. „Der Blaue Reiter", von Wassily Kandinsky gegründet, scharte so namhafte Künstler wie Paul Klee, Robert Delaunay und Franz Marc um sich. Heute schart sich um das örtliche Gewässer die Gruppe der Staffelseewirte, zu denen auch Michael Gilg zählt.

Kurz vor der Jahrtausendwende meinte Michael Gilg zu seiner Mutter: „Wir machen die Wirtschaft wieder selber." Da war der junge Mann erst 22 Jahre alt, hatte Koch gelernt und wollte ins Leben starten. Der Zeitpunkt war günstig, der Vertrag für den fremd verpachteten Vierkanthof lief aus. Aber die Zeiten waren schwierig, die Gäste wurden immer älter – und immer weniger. Junges Volk tummelte sich anderswo, ging zum Griechen oder zum Italiener. Beim Besuch einer Münchner Brauereigaststätte zündete der Funke, da kam ihm die Idee. „Da gab es bayerische Küche, eigenes Bier und die Leute haben auf den Tischen getanzt. Alte und junge." Sein Vorsatz stand fest: „Ich baue eine Brauerei." Gesagt, getan, er schritt zur Tat, die Mutter stand hinter ihm. Er krempelte alles um, renovierte Haus und Hof, Küche und Gaststube und pflanzte zwei kupferne Sudkessel unter die weit ausladenden Bögen des Gewölbekellers. „Der spinnt jetzt ganz", hieß es im Ort. Schon 1676 war hier gebraut worden, bis vor 100 Jahren

◀ **Die Wirtsleute Barbara und Michael Gilg**

Im Gewölbekeller mit der Schaubrauerei strömt nicht nur das Bier, vom Start weg strömten auch die Gäste.

die Thomas-Brauerei das Anwesen kaufte und die Produktion nach München verlegte. Der Gasthof kam kurz darauf zwar wieder in Familienbesitz, doch das Bier weiterhin aus München. Keiner gab einen Deut auf das waghalsige Unternehmen. Doch der ehrgeizige Murnauer zeigte es allen. Der Gewölbekeller wurde zur Schaubrauerei mit Bierkelleratmosphäre und nach einem Baumarathon von anderthalb Jahren eröffnete er das „Griesbräu zu Murnau". Vom Start weg strömte neue Kundschaft in Gaststube und Brauhaus. Die Tradition war heimgekehrt.

Die Liebe zur Landschaft, die Leidenschaft fürs Genießen und die Freude an frischen und ehrlichen Produkten – das ist der Anspruch, der auch im „Griesbräu" von seinem Küchenchef Günter Neumann mit kundiger Hand gepflegt wird. Selbstredend sind bayerische Küchenklassiker von dessen Speisekarte nicht wegzudenken und erleben hin und wieder ihren unter großem Hallo begrüßten Höhepunkt, wenn im Brauhaus James Bonds Titelmelodie erklingt. Dann wird die mit Semmelknödeln gefüllte Großartigkeit eines saftig gebratenen Spanferkels auf Schienen hereingefahren. Das gute Teil wird tranchiert, Teller werden gefüllt, es gibt Blaukraut, Krautsalat und Knödel satt. Je nach Wunsch und Saison zapft Braumeister Wolfgang Taubitz auch eines der Spezialbiere wie „Murnator", „Drachenblut" oder ein obergäriges Braunbier namens „Bruno". Der häufig geäußerten Meinung, bayerische Küche neige zur Monotonie und biete lediglich Standardgerichte im Umkreis von Haxen, Schweinsbraten und Knödeln, muss man vehement widersprechen. Gilg serviert auch höchst unkonventionelle Schmankerl, die durch Leichtigkeit und Freude am Experiment den Gaumen bezaubern. In der Bouillabaisse schwimmen Fische aus regionalen Seen in Weißbiersud und der würzige Risotto aus Weizenmalz muss keinen Vergleich mit seinen italienischen Vorbildern scheuen.

Im „Griesbräu" verwöhnen den Gast zwei sympathische junge Wirtsleute, die mit ganzem Herz und großer Leidenschaft Gastlichkeit auf bayerisch praktizieren. Barbara Gilg macht den Aufenthalt zum „Home away from home", wenn sie den Zugereisten an der Rezeption empfängt oder mit ihren Mädels für dessen leibliches Wohl in der Gaststube sorgt. Die gelernte Kindergärtnerin konzentriert ihre beruflichen Fähigkeiten heute vorwiegend auf Flori und Maxi, ihre beiden Jungs, pflegt aber ansonsten mit Werbung und Computer die Kommunikation nach draußen. Ihr umtriebiger Gatte ist derweil überall im Haus zugange. „Ich bin der Hausmeister", meint er lachend und tüftelt oder bastelt an weiteren Projekten und baulichen Neuerungen. Oder er holt sich ein Bier, setzt sich zum Gast und ratscht übers Bier, über alte Brautechniken, Kühlschiffe und erklärt dem erstaunten Zuhörer, dass Bier doppelt so viele Aromastoffe enthält wie Rotwein. Das macht er gern, da fühlt er sich wohl. Denn er ist Gastwirt.

Ausflugstipps
Der oben bereits erwähnte „Blaue Reiter" ist in und um Murnau in Museen und auf einem Kunstspaziergang durch Murnau anzutreffen. Warum sich die Künstlerinnen und Künstler so begeistert von dieser Landschaft inspirieren ließen, erfährt man am besten bei Wanderungen zu Fuß oder per Fahrrad an den Staffelsee, durchs Murnauer Moos oder entlang der malerischen Loisach.

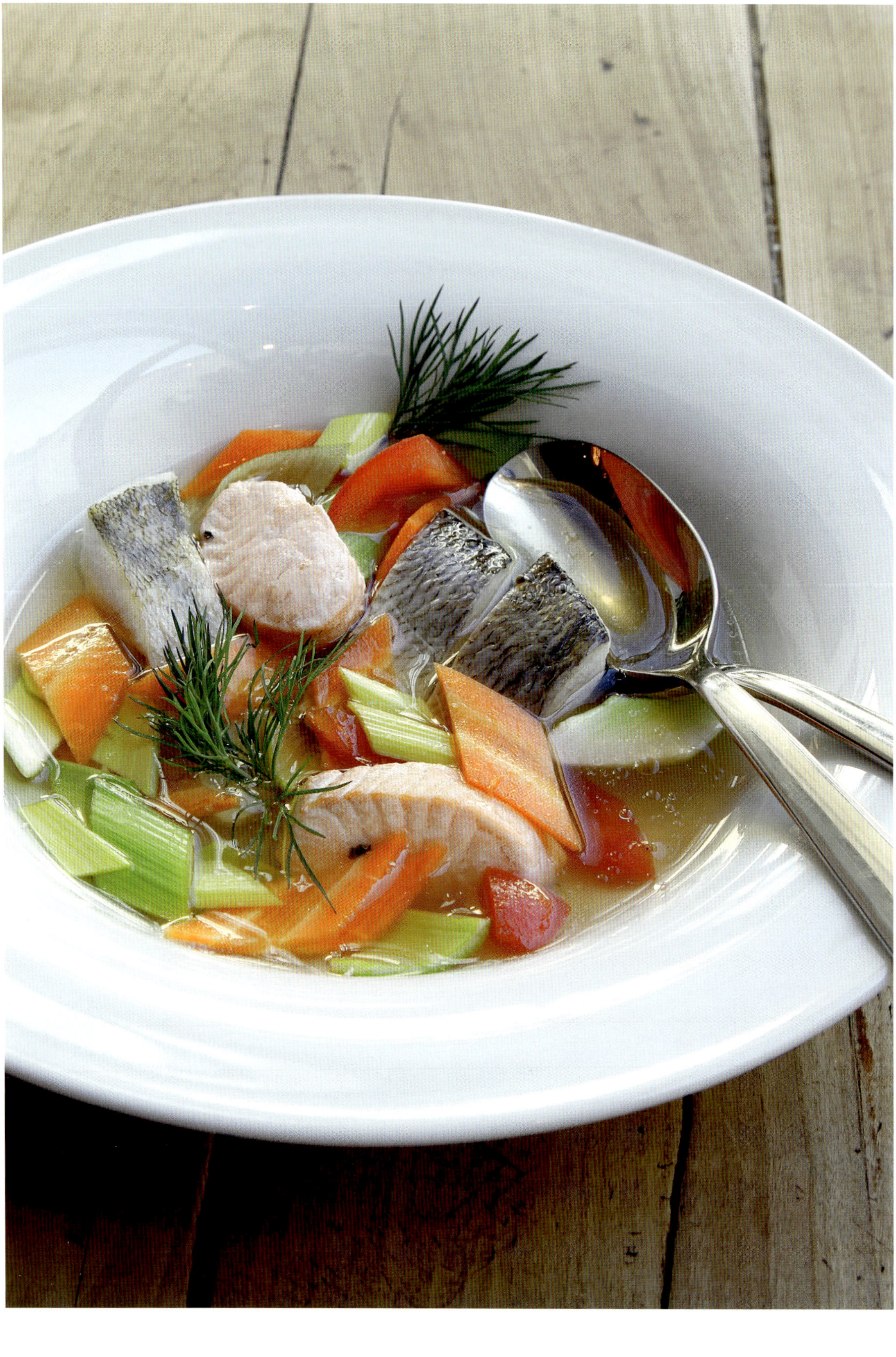

Weißbierbouillabaisse

Je 100 g Filets von Lachsforelle, Zander und Renke (oder anderen heimischen Fischen) | 1 Karotte | 1 mittelgroße Zwiebel | 1 Stange Lauch | 1 EL Olivenöl | 2 Tomaten | 1 Zehe Knoblauch | 1 kleiner Strauß Petersilie | 0,2 l Weißbier | Safran | Salz | Pfeffer aus der Mühle | Dill

■ Die Fischfilets kalt abspülen, trocken tupfen und in Stücke schneiden.
■ Karotte, Zwiebel und Lauch fein hacken und kurz in Olivenöl anrösten. Die Tomate schälen (zuvor kurz in kochendes Wasser tauchen, dann löst sich die Schale leichter), in Würfel schneiden und mit Knoblauch, Petersilie, Safran und Gewürzen dazugeben. Die Fischstücke dazugeben, knapp mit Wasser und Weißbier bedecken und offen ca. 15 Minuten köcheln lassen. Mit Salz und Pfeffer abschmecken und vor dem Servieren mit Dill garnieren.

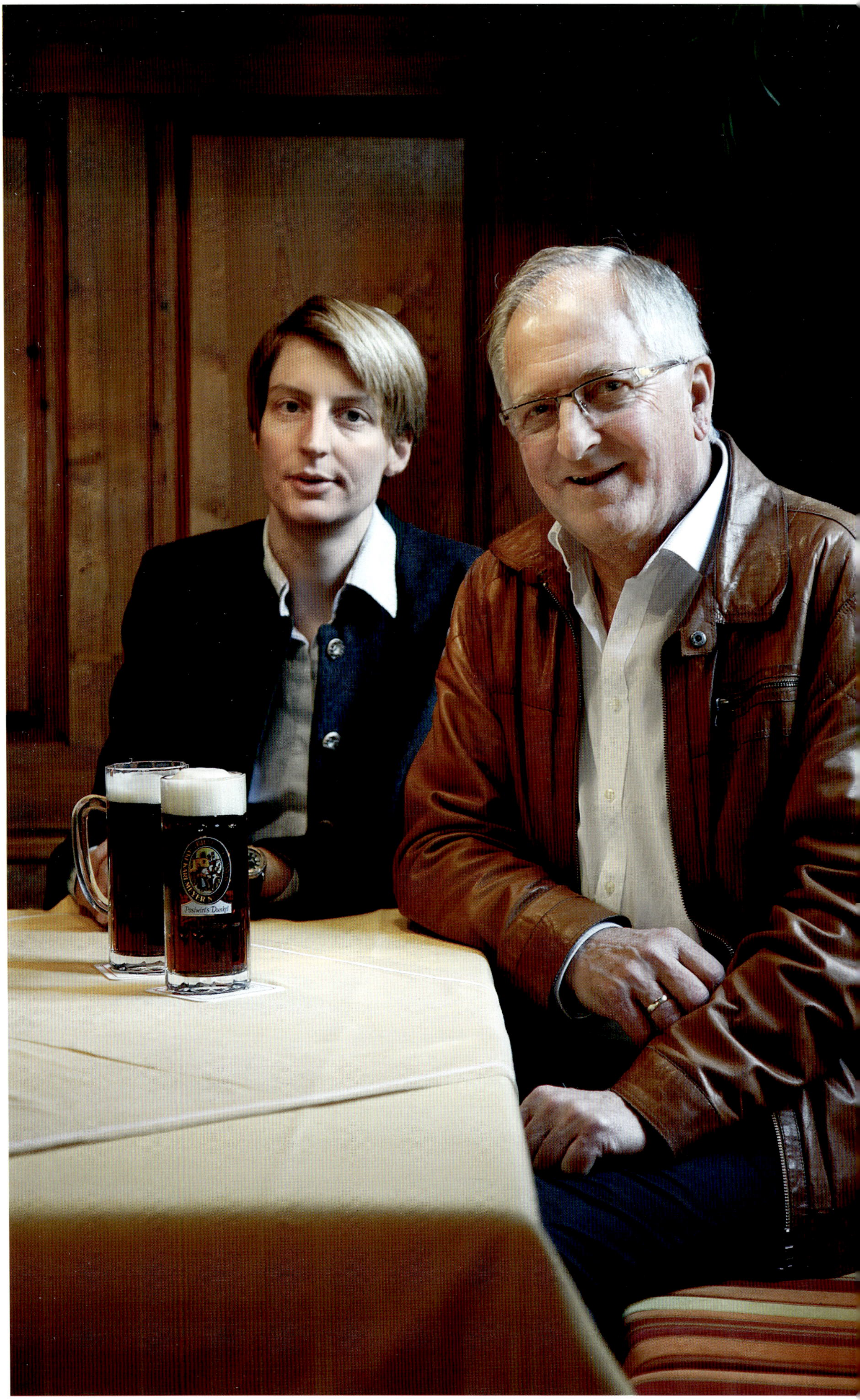
Postwirts Dunkel

15
Weiblich ist das Bier

Brauerei-Gasthof Hotel Post
Hauptstraße 25
87484 Nesselwang

Telefon: 08361/30910
Fax: 08361/30973
info@hotel-post-nesselwang.de
www.hotel-post-nesselwang.de

Öffnungszeiten
Täglich (kein Ruhetag)
7:00–23:00 Uhr
Küche
11.30–14.00 und 17.30–21.30 Uhr
dazwischen Vesperkarte

Eigentümer: Diplombraumeister Karl Meyer
Braumeisterin: Stephanie Meyer
Küchenchefin: Hilde Straubinger

Pferdewechsel in der Königlich Bayerischen Posthalterei: Schwankend kommt eine staubbedeckte Kutsche zum Stehen, die schwitzenden Pferde werden ausgeschirrt und mit frischem Futter versorgt. Szenen einer vergangenen Zeit.

Ermattet von der Reise quälten sich damals die durchgeschüttelten Reisenden aus der Kabine und stiegen hinauf zur Gaststube der Posthalterei in der Erwartung einer kräftigen Brotzeit und eines kühlen, frischen Bieres. Heute dröhnt kein Hufeklappern mehr durch die Gasse, Asphalt hat das Kopfsteinpflaster ersetzt und kraftstrotzende Automobile halten an Nesselwangs Hauptstraße Nr. 25. Weit weniger gequält entsteigen dem klimatisierten Inneren Urlauber auf Bayern-Tour – jedoch gleichfalls in Vorfreude auf deftige Speis und Trank. Das historische Gebäude gleich gegenüber der barocken Pfarrkirche St. Andreas ist seit 1883 mit Gastwirtschaft und Brauerei im Besitz der Familie Karl Meyer. Wer aus dem Norden kommend ins Allgäu unterwegs ist, um für die Seele Ruhe und für den Körper Wanderfreuden zu finden, fährt meist über die Autobahn A7 in die Berge. Nicht selten trüben jedoch dichter Verkehr und Staus die Vorfreude auf den Urlaub und so schert man aus, um in der nahegelegenen „Post" einzukehren. „Die A7 ist unsere Lebensader", lacht Karl Meyer, „alle, die da im Stau gestanden sind, kennen unser Haus."

Dem stattlichen Allgäuer sieht man sein Alter nicht an. Nach wie vor führt er den Familienbetrieb voller Energie und mit großer Leidenschaft fürs Brauen und die Gastronomie. Der diplomierte Braumeister steht in der Tradition seiner Vorväter, die alle der Braukunst ihr Leben gewidmet haben. Der älteste Nachweis der

Gegenüber der barocken Pfarrkirche steht das historische Gebäude des Brauerei-Gasthofs.

◀ **Der Braukunst verpflichtet: Vater und Tochter Karl und Stephanie Meyer**

Stilvolle Stuben erwarten den Gast.

Brauerei und Gastwirtschaft geht auf das Jahr 1650 zurück. Die Bierspezialitäten der Post-Brauerei Nesselwang waren nicht nur im Allgäu, sondern auch bundesweit und im benachbarten Ausland bekannt und konnten vor wenigen Jahren selbst im fernen Moskau und in Sibirien genossen werden. Heute werden vorwiegend die Biertrinker im eigenen Brauerei-Gasthof versorgt. Dort erwarten drei stilvolle Stuben den Gast und im Innenhof des gemütlichen Biergartens greifen im Sommer regelmäßig Musikanten zu den Instrumenten, um die Gäste fröhlich zu unterhalten. Mit den kulinarischen Schmankerln der Region kann sich jeder anfreunden, der hier die bayerische Gemütlichkeit sucht – und auch findet. Im weit ausladenden Gebäude wird munter getafelt und den im Haus gebrauten Bieren zugesprochen. Die Küchenchefin, Hilde Straubinger, lebt die heimische Kochtradition mit alten Rezepturen aus Großmutters Kochbüchern. Das mit Braumalz panierte Schweineschnitzel, ein Biergulasch vom Allgäuer Weiderind, der saftige Rinderbraten „Bavaria" und das Roastbeef „Gambrinus", mit Braumalz-Kruste überbacken, machen den Mund schon beim Lesen der Speisekarte wässrig. Ganz besondere Schmankerl sind aber der täglich ofenfrische Schweinsbraten, mit „Postwirt's Dunkel" fleißig übergossen, und die knusprigen „PWD-Haxen" mit Knödeln und Krautsalat. Was will man mehr? Ein Bier bitte!

Beim Thema Bier wechselt die Tradition zur Neuzeit vom Vater auf die Tochter. Das Brauen liegt seit einiger Zeit nun in weiblicher Hand – hochprofessionell. Stephanie Meyer ist die erste Braumeisterin im Allgäu und mit Diplom als Bier-Sommelière. Der jungen Frau ist die Liebe zum Bier deutlich anzuhören, wenn sie über ihren Beruf – ihre Berufung – spricht. Die Tradition bayerischer Biere weiß sie sehr wohl zu schätzen, ist aber mit großer Neugier fasziniert von neuen Ideen und Geschmacksrichtungen, die eine kleine Szene von jungen Brauern mit frischem Elan vorantreibt. Und da mischt sie mit und testet auch immer mal eine kleine Menge eines Spezialgebräus. Sie experimentiert mit kostbaren Aromahopfen, verschiedenen Spezial-Malzen und unterschiedlichen Rezepturen, jedoch immer nach den Vorgaben des Bayerischen Reinheitsgebots von 1516. An Silvester serviert sie statt Champagner oder Prosecco eine bierige Köstlichkeit und ins Holzfass hat sie ein dunkelwürziges Bier mit kräftigem Alkoholgehalt gelegt, das sie ihren Zwillingsbabys, Franziska und Katharina, gewidmet hat. „Dieses Bier dürfen sie erst zu ihrem 18. Geburtstag trinken", lacht sie, „ich bin schon sehr gespannt, wie es dann schmeckt."

Ausflugstipps

Nur 20 km sind es von Nesselwang zu den Königsschlössern nach Hohenschwangau. Nach Oberstdorf, wo man die Skisprungschanze besichtigen oder sich mit der Seilbahn auf den höchsten Berg im Allgäu, das Nebelhorn, tragen lassen kann, sind es nur 40 km. Rund um Nesselwang gibt es nahezu alle Freizeiteinrichtungen und Sportmöglichkeiten wie die Sommerrodelbahn oder das spektakuläre Nachtskifahren an der Alpspitze.

Nach links geht es Richtung Füssen zu den Königsschlössern und nach rechts zur Alpspitzbahn. Doch man kehrt immer wieder gerne zurück zu den Bierkrügen im Bauerei-Gasthof Hotel Post.

Im Hintergrund grüßen schneebedeckte Gipfel. Nesselwang ist ein idyllischer Urlaubsort mit hohem Freizeitwert.

Postwirt's Dunkel Haxen

Pro Person   1 Schweinshaxe (ca. 800 g) | 1–2 TL Salz

Gemüsebett   2 Zwiebeln | 4–6 Gelbe Rüben | 1 mittelgroße Sellerieknolle

Zum Begießen   1 Flasche „Postwirt's Dunkel"

■ Die Schweinshaxen mit Salz würzen und mit geviertelten Zwiebeln, Gelbe-Rüben- und Selleriestücken im Backofen zwei Stunden bei 200 °C garen. Während des Garens immer wieder mit „Postwirt's Dunkel" übergießen.
■ „Das Bier macht das Fleisch schön mürb und gibt eine resche, schmackhafte Kruste. Das hat auch unsere Urgroßmutter Therese gewusst, als sie vor über 100 Jahren den schneidigen Bierbrauer Karl Meyer aus Regensburg heiratete". Eine „Original-PWD-Haxe" muss man einfach ausprobieren!

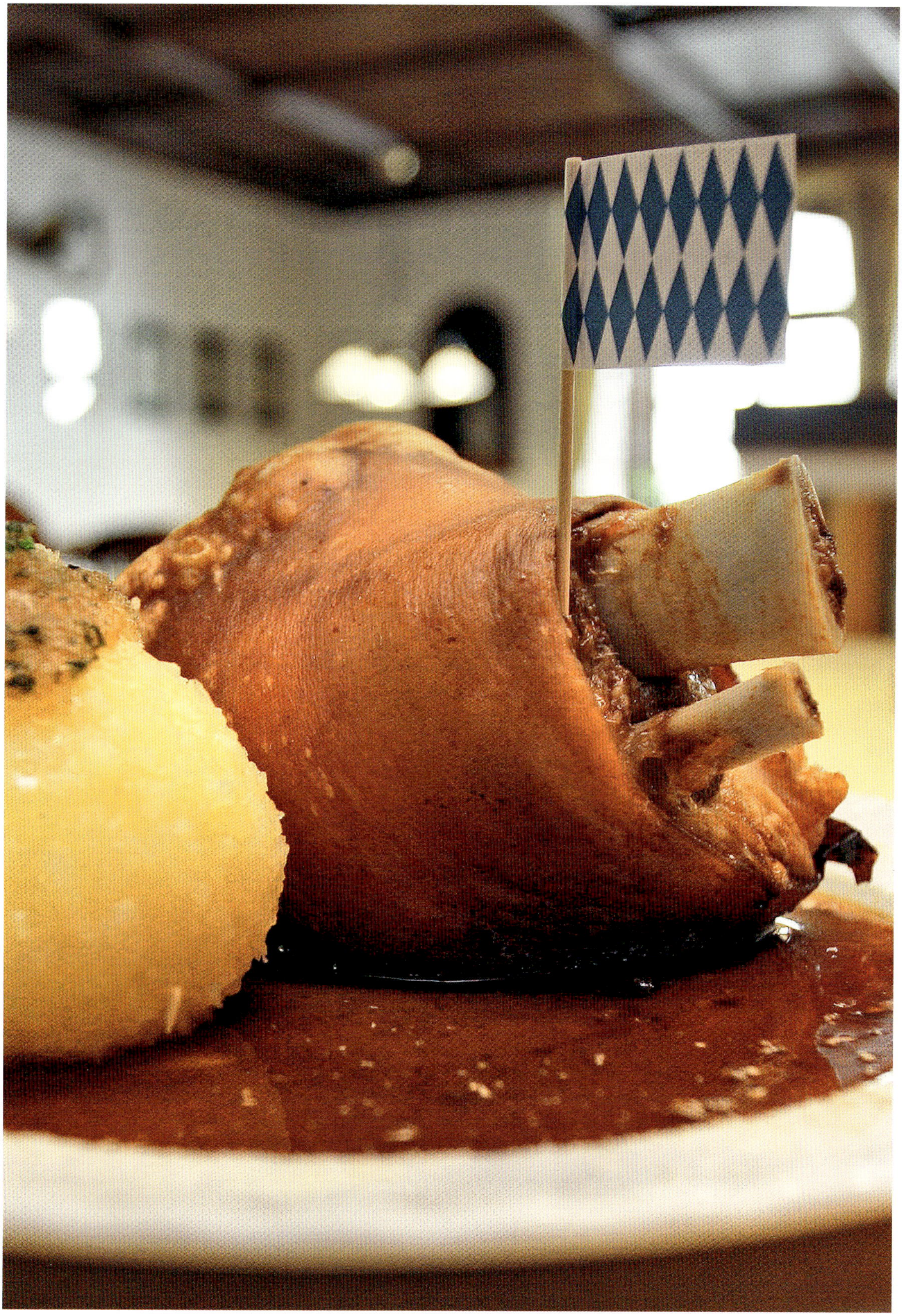

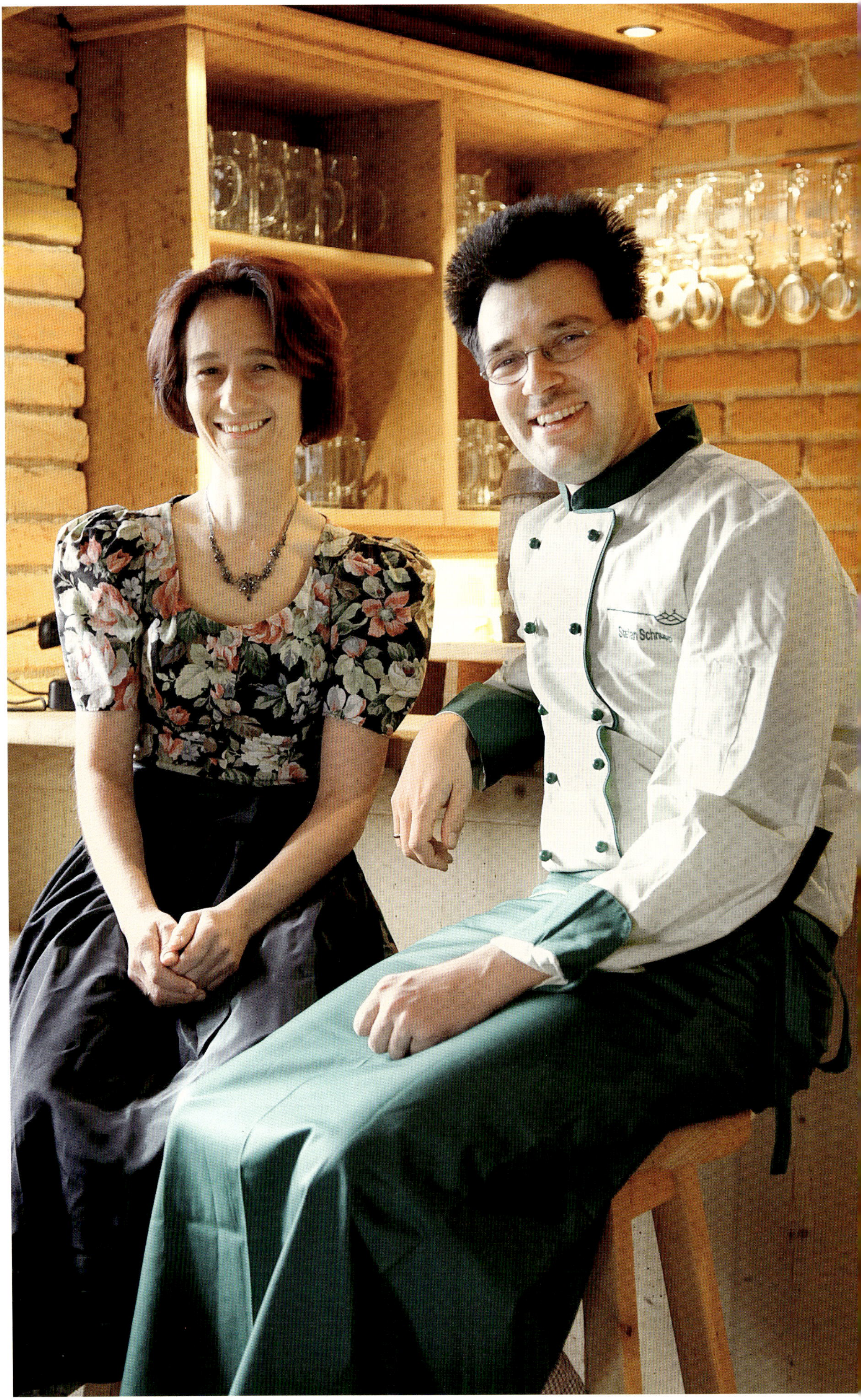

16
Kräuterküche unterm Storchennest

Wirtsleute: Stefan und Sabine Schnupp
Brauerei: Michaela Mager

Brauerei Gasthof Schnupp
Altdrossenfeld 8
95512 Neudrossenfeld

Telefon: 09203/9920
Fax: 09203/973834
info@brauereigasthof-schnupp.de
www.gasthof-bayreuth-kulmbach.de

Öffnungszeiten
Brauerei Gasthof
7.00–23.00 Uhr. Warme Küche:
11.30–13.45 Uhr und 17.30–21.00
Uhr; Freitag Ruhetag

Schnupp's Bierstübla
Donnerstag und Freitag
17.00–24.00 Uhr; Samstag und
Sonntag 15.00–24.00 Uhr

Lieben Sie Wagner? Wenn ja, dann ist Ihnen Bayreuth selbstverständlich ein Begriff. Wenn nicht, dann schätzen sie diese Stadt sicher auch ohne Wagner. Auf jeden Fall aber werden Sie Küchenmeister Schnupp und seine Kochkunst schätzen.

Der waltet seines Metiers in gut erreichbarer Nähe zur Festspielstadt. Und er zaubert Ihnen – unabgängig jeglicher Musikvorlieben – Freude für den Gaumen, die Sie woanders nur selten finden werden. Stefan Schnupps Spezialität sind die Wildkräuter. Diese sind – sofern es die Jahreszeit zulässt – fast in jedem Gericht zu finden. Dafür verlässt er frühmorgens das Haus und sucht an den ihm bekannten Stellen alles, was würzig wurzelt oder taufrisch blüht. Im Rotmaintal ist die Natur noch in Ordnung und die Luft noch wiesenfrisch. Hinter der Brauerei schlängelt sich der Rote Main dem nahen Kulmbach entgegen, wo er sich mit dem Weißen Main zum Hauptfluss vereinigt. Ein bekannter Radweg führt an dieser Wasserader entlang und beschert dem Brauerei-Gasthof so manche Gäste. Die Radler-Pauschale bietet ihnen Speisen und Schlummern zu einem Preis. Nur zu gerne wird sich der erschöpfte Einkehrer hier kulinarisch verwöhnen lassen, um dann das schläfrige Haupt in den stilvoll eingerichteten Gästezimmern aufs Kissen betten zu können.

Überm Hof, im neu renovierten Brauhof und seinem gemütlichen, holzverliebten „Bierstübla" begegnet man der rustikaleren Variante von Schnupps Küche. Malzkrusten auf Fleisch und bierige Saucen gehören zwingend auf den Teller, donnerstags wird Brot in

Das gute Bier vom Lande ...

◀ Sabine und Stefan Schnupp kümmern sich um das Wohl der Gäste.

den Steinbackofen geschoben und Bier kommt frisch aus dem Holzfass. Aber man wird den Eindruck nicht los, dass des Küchenchefs Vorliebe den Kräutlein gehört, die er in seinen durchaus bodenständigen Gerichten verwendet. Wir schmecken sie in Kombination mit Fleisch und Fisch, in Saucen, Suppen oder in Desserts wie der Löwenzahn-Panna-Cotta. Zur regionalen Küche gehören zwingend Forelle und Karpfen. Im Herbst bringt der Jäger Wild und das „Waldmännlein" die Pilze. Frankenwälder Zicklein ist im April eine von Schnupps Spezialitäten – auch hier wird alles verwendet, vom Filet bis zu den Innereien. Bries, Zunge oder Leber sind kulinarische Leckerbissen, die Liebhaber zu schätzen wissen. Seine Gattin Sabine, selbst gelernte Köchin und Hotelfachfrau, ist diesem Kochstil gleichfalls begeistert verbunden. Nur kann sie nicht mehr so viel Zeit in der Küche verbringen, wie sie gerne möchte, da drei kleine Schnupps – alles Jungs – die Aufmerksamkeit der Mutter erfordern. Aber sie sind auch mit Begeisterung dabei, wenn es mit Papa in die Kräuter geht.

Schon zu Lehrzeiten hatten sich die Wirtsleute kennengelernt, doch erst viele Küchenstationen später – die Wege hatten in unterschiedliche Richtungen geführt – brachte sie ein zufälliges Telefonat einander wieder näher. Und aus der Plauderei wurde ein gemeinsamer Lebensweg. Als im Jahr 1997 die Nachfolge im Brauerei-Gasthof anstand, war man sich einig, das Abenteuer zu wagen, und kehrte nach Neudrossenfeld zurück.

Jahre mühevoller Aufbauarbeit folgten, um das von Sabines Eltern 1975 erbaute Hotel mit Gaststätte auf den heutigen Stand zu bringen. Die Anfänge der Brauerei liegen noch deutlich weiter zurück. Schon 1398 wird die „Schankstätte" urkundlich erwähnt. Seit 1726 ist das Anwesen durch Einheirat des Melchior Schnupp fest mit dem Familiennamen verbunden. Hinter den hoch aufragenden Ziegelmauern der

Im „Bierstübla" lässt sich der von der Radwanderung ermattete Einkehrer gerne verwöhnen.

Brauerei führt Sabines Schwester Michaela Mager Regie. In offenen Gärbottichen werden Sude vergoren, in großen Tanks würzige Biere gelagert, die nicht nur ins „Bierstübla" fließen, sondern auch „rund um den Schlot" verkauft werden. Hoch oben auf diesem brütet auch heuer wieder ein Storchenpaar. Vater Adebar landet gerade mit elegantem Schwung und verkündet vernehmlich klappernd seine Rückkehr. Ihm und seiner Gattin ist das „Storchen-Leichte" gewidmet. Mit niedrigem Alkoholgrad legt es nicht jedem gleich die Flügel lahm. Aber auch helles Vollbier, ein feinherbes Edelpils, das „Altfränkisch Dunkel" oder je nach Saison ein Doppelbock stehen als Menübegleiter zur Wahl. Zur Verdauungshilfe und als würdiger Abschluss des Mahles sei einer der feinen Schnäpse empfohlen, die Stefan Schnupp aus Bier und heimischen Obstsorten selber destilliert. „Außer der Brauerei bin ich eigentlich für alles zuständig", lacht der Franke, „ich bin hier der Hausmeister."

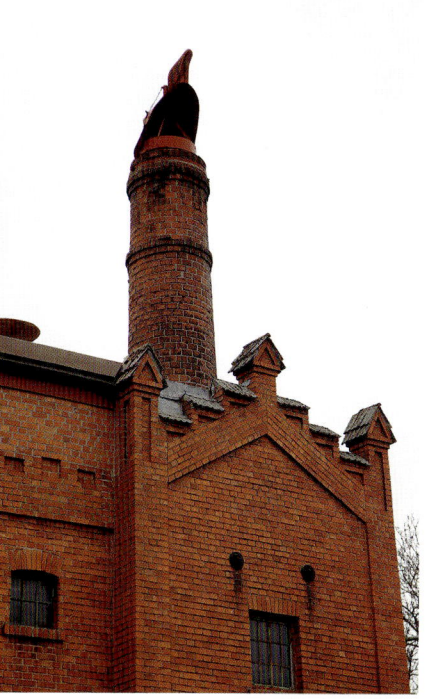

Große Tanks mit würzigem Bier hinter hoch aufragenden Ziegelmauern

Ausflugstipps

Ein großer Badesee (Trebgast) mit Bootsverleih, das Eisenbahnmuseum in Neuenmarkt, Thurnau mit seinen Töpfereien, ein Golfplatz und viele Rad- und Wanderwege befinden sich in unmittelbarer Nähe. Je 10 km entfernt warten Bayreuth mit der Eremitage und den Festspielen und in der anderen Richtung die Bierstadt Kulmbach mit Plassenburg und Zinnfigurenmuseum auf Besucher.

Drossenfelder Brotsalat

250 g Champignons | 1 Knoblauchzehe | 6 EL Olivenöl | Salz | Pfeffer
4 EL Weißweinessig | 0,2 l Schnupp Vollbier | etwa 200 g Brötchen und
200 g Stüblabrot (Vollkornbrot) | 1 Zwiebel | 2–3 Tomaten | 1 Bd. Petersilie | 2 Handvoll Wildkräuter (Beispiel: Vogelmiere, Giersch, Sauerampfer)

■ Die Pilze in nicht zu dünne Scheiben teilen. Knoblauch abziehen und fein hacken.

■ In einer großen Pfanne 2 EL Öl erhitzen und den Knoblauch darin andünsten, ohne zu bräunen. Pilze zufügen und bei großer Hitze anbraten. Salzen, pfeffern und so lange weiterschmoren, bis keine Flüssigkeit mehr vorhanden ist. Mit 2 EL Essig ablöschen und in einer Schüssel mindestens ½ Stunde ziehen lassen.

■ Inzwischen das Brot in grobe Stücke oder Scheiben teilen und in Bier einweichen. Sobald es gut durchgeweicht ist, die Pilze aus der Marinade heben.

■ In einer Schüssel aus der Pilzmarinade, dem restlichen Essig und übrigem Öl eine Salatsauce bereiten. Brot gut ausdrücken, in mundgerechte Stücke zupfen und in die Sauce geben. Die Zwiebel abziehen, in feine Ringe schneiden, Tomaten in dünne Spalten teilen. Zwiebel und Tomaten mit Pilzen in die Sauce geben, gut durchmischen. Den Salat zugedeckt etwa eine Stunde im Kühlschrank ziehen lassen.

■ Vor dem Servieren Petersilie hacken und unter den Salat heben. Wildkräuter dazulegen.

■ Evtl. Salatgurke und Selleriestange zugeben.

Den Brotsalat essen auch die Wirte gern.

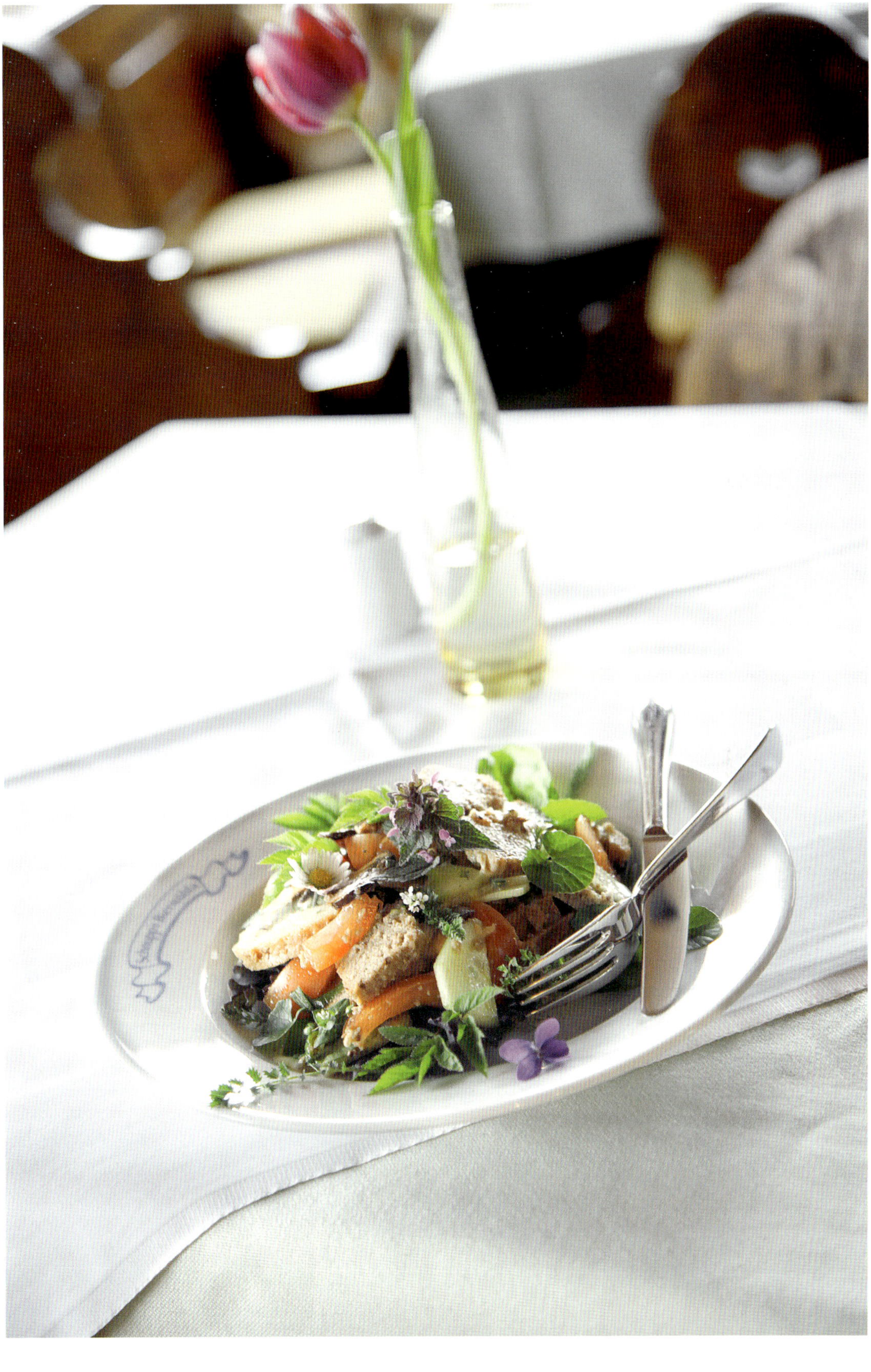

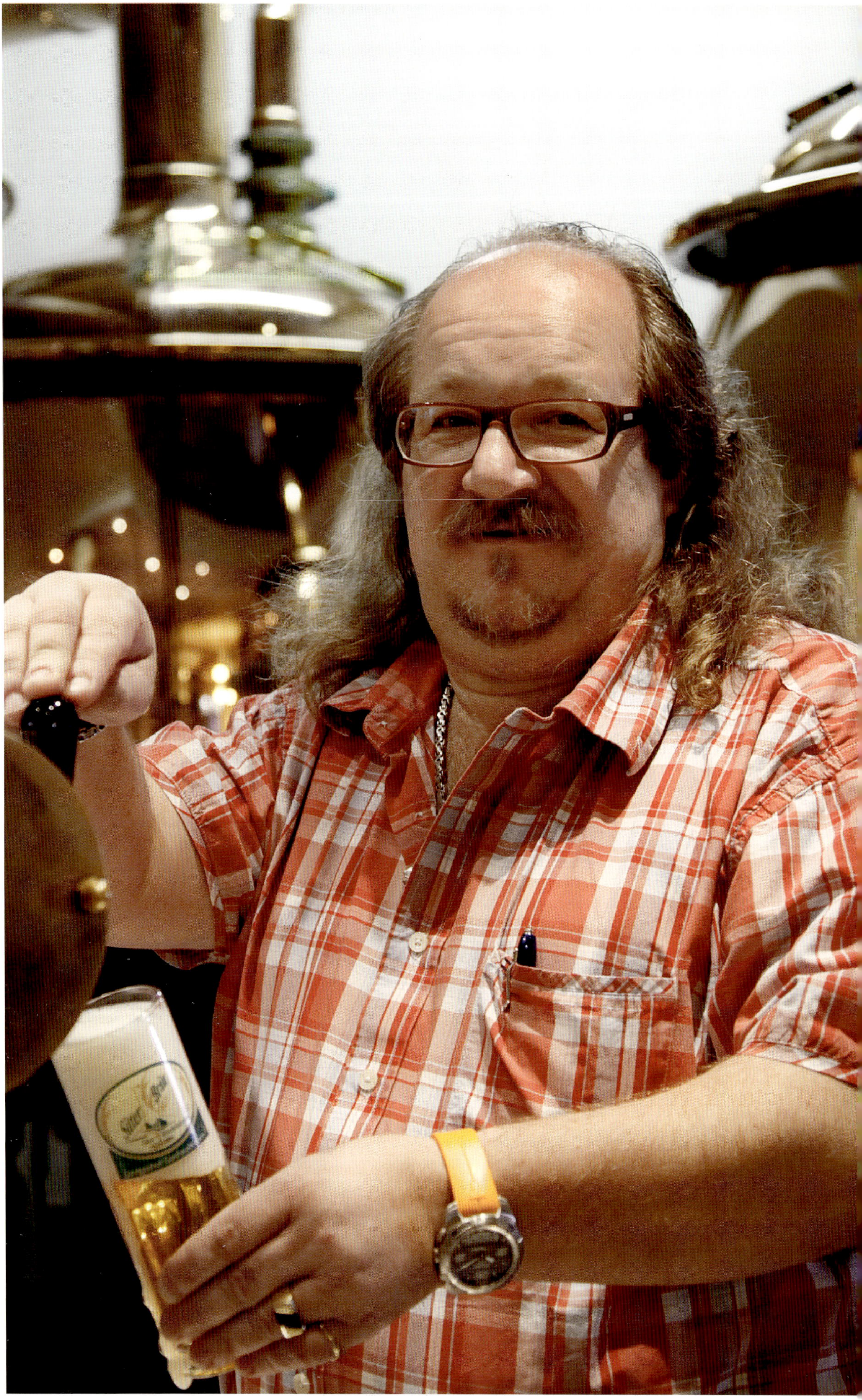

17
Bier und Bildung – bodenständig bayerisch

Wirte: Petra und Bernhard Sitter
Küchenchef: Bernhard Sitter jr.

1. Bier- und Wohlfühlhotel
Gut Riedelsbach
Gut Riedelsbach 12
94089 Neureichenau

Telefon: 08583/96040
Fax: 960413
info@gut-riedelsbach.de
www.gut-riedelsbach.de

Öffnungszeiten
Täglich ab 8.00 Uhr
Donnerstag Ruhetag (außer an Feiertagen)

Weiter gehts hier nicht. Der Weg endet in der hintersten Ecke Bayerns, dort, wo sich Fuchs und Hase Gute Nacht sagen, dort, wo Böhmen und Österreich den südöstlichsten Zipfel Bayerns berühren. In diesen grünen Berghügeln reckt sich ein knorzig-hölzerner Bierkrug mehrere Meter hoch in den bewölkten Himmel:

Unübersehbares Signal und Markenzeichen für ein bayerisches Original, das dem Bier quasi sein Leben gewidmet hat. Der schnauzbärtige Bernhard Sitter, immer mit Lederhose, ist Werbung in Person und weit über die Grenzen Bayerns hinaus ein Begriff – zumindest, was die von ihm mit großer Leidenschaft beackerte Bierlandschaft anbelangt. Als Deutschlands erster Biersommelierwirt steht Sitter für Bier und Bierkultur. Die pflegt er mit großer Liebe und gekonntem Marketing. Daher ist sein „Bieriger Braugarten" kein fröhlich-lärmender Schmausplatz für Schmankerl mit Bier, sondern ein pädagogisch gestalteter Wissenspark des Bieres. Besagter Riesenbierkrug (siehe Anfang), Hopfenstangentunnel, Getreidefelder, Wasserquelle und Sudpfanne führen den Besucher mitten hinein ins Biergeschehen.

Regionale Tradition in puncto Essen und Trinken hat sich der Bayer auf die Fahne geschrieben: „Brot, Bier und Bildung" könnte man sagen. In Neureichenau wird nicht nur eine herzhaft-deftige Küche gekocht, mit Portionen, die auch den hungrigsten Esser zufriedenstellen – ich denke genüsslich an einen üppigen Teller Schwammerlsuppe –, sondern seit 1998 auch das dazugehörige

Bernhard Sitter junior

◀ **Bernhard Sitter senior**

Im Bräustüberl stehen in Sichtweite die kupfernen Kessel hinterm Tresen, wo das köstliche Nass gezapft wird.

eigene Bier gebraut. Das ist so herrlich süffig und geschmackvoll, dass man sich nach einem guten Schluck aus dem Krug mit Wonne den Schaum von den Lippen wischt. „Ob blond, ob dunkel, Pils oder Saisonbier, wir brauen bayerische Urkraft", betont Sitter. Im Bräustüberl stehen in Sichtweite die kupfernen Sudkessel hinterm Tresen, wo das köstliche Nass frisch gezapft wird.

Petra und Bernhards Kinder, Bernhard jr. und Stephanie, waren jahrelang zur Lehre aus dem Haus und sind nun zurückgekehrt, greifen ein ins Geschehen: Stephanie an der Rezeption und Bernhard in der Küche. Dort hat Hausherrin Petra mittlerweile den Kochlöffel an den Nachwuchs weitergereicht. Dieser belässt die traditionellen Rezepturen auf der Speisekarte, ganz einfach weil sie sich bewährt haben und von den Gästen immer wieder verlangt werden. Vom Zwiebelrostbraten übers „Rinderpfandl" bis zum Biergulasch. Das dunkelrote und fettarme Fleisch dafür liefern die Rinder von Sitters Bruder Wilhelm. Die halten sich das ganze Jahr draußen im Freien auf und grasen von Mai bis Oktober auf den mit Wildkräutern bewachsenen saftigen Weiden. Salate in allerlei Varianten gibt es selbstverständlich – und der Brotzeitteller darf natürlich auch nicht fehlen.

Der junge Küchenchef ergänzt die Klassiker mit leicht modernisierten Versionen der auf regionalen Produkten gründenden Gerichte. Er serviert beispielsweise übers Jahr zwölf viergängige „Genuss.Lust.Menüs". Jeden Monat ein anderes. Die Raffinesse liegt im kochtechnischen Detail sowie in einer modernisierten Präsentation – ohne Firlefanz, aber mit Pfiff. Auf weißes Porzellan platziert er eine knusprig gebratene Schweinelende mit Malzkruste, begleitet von Kartoffel-Lauch-Ragout und grünem Spargel. Und was trinken wir dazu? Selbstverständlich ein Sitter-Bräu!

Doch zurück zu den Anfängen. Die nie stattgefunden hätten ohne den Sitter, einen Querdenker und selbstbewussten Unternehmer. Welcher normal denkende Mensch wäre denn auf die Idee gekommen, gerade hier im hintersten Winkel Deutschlands einen gastronomischen Betrieb mit eigener Brauerei zu führen? Und noch auf Gäste zu hoffen? Keiner – aber der Sitter! Alle haben sie ihn für „spinnert" erklärt, als der gelernte Koch mit seiner Frau Petra 1983 den elterlichen kleinen Gasthof übernommen hatte. Heute gibt ihm der Erfolg Recht. Der endgültige Durchbruch kam, als Sitters 1998 die Gasthausbrauerei, Kegelbahnen und Schießstände errichteten. Gut Riedelsbach wurde in beträchtlichem Maße immer wieder an- und umgebaut. Weitere Zimmer und Appartements wurden eingerichtet – in anheimelndem Dekor und mit Holz aus der Gegend. Und im weitläufigen „Körpersudhaus" mit Hallenbad, Dampfbad und Saunen darf sich der Gast – vom bierigen Mahle ermattet – wohlig der Entspannung widmen.

Ausflugstipps

Nur 500 m entfernt lädt der idyllische Stausee Riedelsbach im Sommer zum Spaziergehen oder Baden, im Winter zum Schlittschuhlaufen oder Eisstockschießen ein. Der Bayerische Wald ist ein Paradies für Naturfreunde, Wanderer und Radfahrer. Motorradfahrer können sich mit Bernhard Sitter auf Tour begeben, z. B. in die Bierstadt Budweis. Moderne und alte Glaskultur lernt man in Glashütten der näheren Umgebung entlang der Glasstraße kennen und wer sich noch weiter zurück in die Vergangenheit begeben will, bekommt in Gabreta (archäologischer Erlebnispark Ringelai) Eindrücke vom Leben der Kelten.

Auf saftigen Wildkräuterweiden grasen die „Lieferanten" von Rostbraten & Co.

Rottaler Schweinelende mit Malzkruste auf Kartoffel-Lauch-Ragout und grünem Spargel

8 Scheiben Schweinelende à 80 g | 300 g Quark | 2 Eier | Salz | Pfeffer | 100 g Malzschrot (angeröstet) | 80 g Semmelbrösel | Butterschmalz oder Öl zum Anbraten

Gemüseragout   1 kg gekochte Kartoffeln (festkochend) | 1 Stange Lauch | 20 g Butter | ca. ⅛ l Rindsbouillon | ¼ l Sahne | Salz und Pfeffer | 16–20 Stangen grüner Spargel | Butter

■ Die Schweinelendchen waschen, trocken tupfen und mit Salz und Pfeffer würzen.
■ Für die Malzkruste den Quark mit den Eiern verrühren, das geröstete Malz dazugeben, mit Salz und Pfeffer abschmecken und mit den Bröseln vermischen. Die Masse sollte noch weich, aber formbar sein. Die Schweinelendchen damit bestreichen.
■ Die Schweinelendchen auf der Malzkrustenseite kurz im heißen Fett anbraten, wenden und bei reduzierter Hitze fertig braten.

■ Für das Kartoffel-Lauch-Ragout die gekochten und geschälten Kartoffeln würfeln. Den Lauch waschen, in feine Ringe schneiden und in etwas Butter anschwitzen, mit Sahne und Brühe ablöschen, die Kartoffelwürfel dazugeben, evtl. mit wenig Mehl binden (dafür das Mehl in wenig kaltem Wasser zu einem „Teigerl" anrühren) und abschmecken.
■ Den Spargel in kochendem Salzwasser kurz blanchieren und dann in der Pfanne in etwas Butter durchschwenken.
■ Die Schweinelendchen auf dem Gemüseragout anrichten und mit den Spargelstangen garnieren.

Weißbieramisu mit Beerenröster

Beerenröster   500 g gemischte Waldbeeren | 0,2 l Weizenbier | 65 g Zucker | evtl. etwas vom obigen „Teigerl" zum Binden

Mascarponecrème   125 ml Sahne | 250 g Mascarpone | 50 g Puderzucker | 1 P. Vanillezucker | ca. 100 ml Zitronensaft (Menge nach Geschmack) | 6–8 Löffelbiskuits | 0,3 l Weizenbier | Kakaopulver

■ Für den Beerenröster die Waldbeeren erhitzen, mit Weizenbier aufgießen, den Zucker unterrühren und evtl. mit dem „Teigerl" binden, sodass ein sämiges Kompott entsteht. Kaltstellen.
■ Inzwischen die kalte Sahne steif schlagen, Mascarpone mit Puderzucker, Vanillezucker und Zitronensaft vermischen, dann die geschlagene Sahne unterheben.
■ Das Beerenkompott als unterste Lage in Gläser füllen, die Löffelbiskuits in Weißbier tunken, halbieren und auf die Beeren legen. Die Mascarponecreme in einen Spritzbeutel füllen und auf die Löffelbiskuits spritzen.

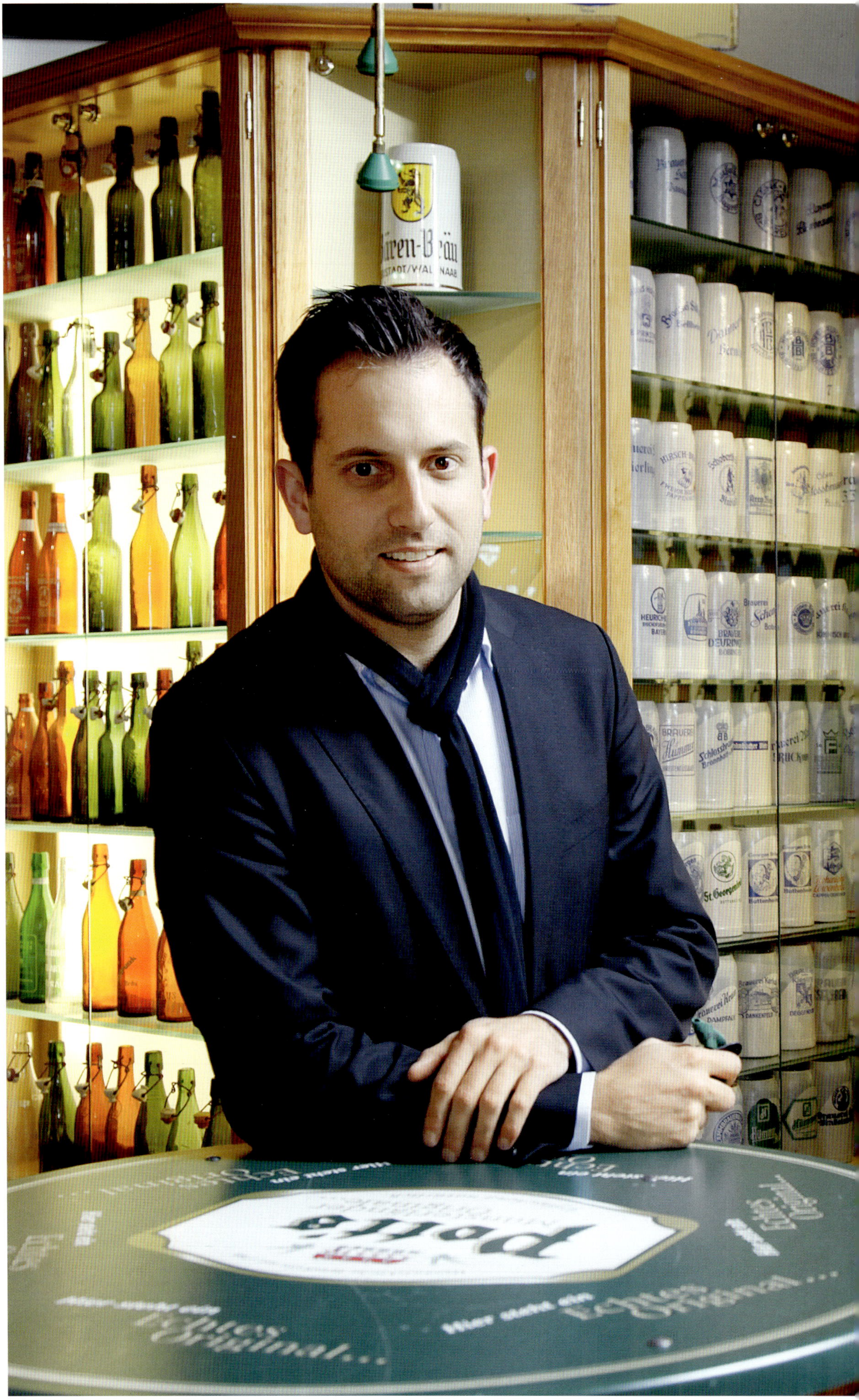
Hier steht ein
Echtes Original...

18
Erlebniswelt zwischen Wurst und Bier

Brauerei: Jörg Pott, Braumeister und Diplom Betriebswirt
Brau- & Backhaus Gastronomie: Friedhelm Forthaus, Metzgermeister

Pott's Brau & Backhaus
In der Geist 120
59302 Oelde

Telefon: 02522/9332-0
Fax: 02522/9332-280
info@potts.de
http://www.brau-backhaus.de
http://www.potts.de

Öffnungszeiten
Täglich ab 9.00 Uhr
Küche: 9.00–21.30 Uhr
Betriebsferien zwischen Weihnachten und Neujahr

Rainer Pott hatte einen Traum: die gläserne Brauerei. Der Münsterländer mit Vision war seiner Zeit weit voraus, als er in den USA von diesem Konzept infiziert wurde. Brauen mit Publikum – die Idee ließ ihn nicht mehr los.

Dabei war diese gar nicht so neu. „The making of", der Blick hinter die Kulissen, hat schon immer Menschen fasziniert, die auf einmal die Entstehung eines Kinofilms oder die Herstellung eines Autos verfolgen durften. Welche Strategie könnte besser den Kunden für ein Thema oder ein Produkt begeistern als die Geschichte hinter den Dingen?

Potts Braugeschichte reicht zurück bis ins Jahr 1769, als Vorfahr Franz Arnold Feldmann die Brauerei von einem Jesuitenkloster erworben hatte. In Oeldes Innenstadt wurde seither Bier gebraut, bis man vor einigen Jahren aus Platzmangel vor die Stadt ziehen musste. Der 1996 auf der grünen Wiese erstellte Brauhauskomplex begrüßt den Besucher mit hoher Wasserfontäne. Eine gastronomische Erlebniswelt wurde hier errichtet – dem Bier gewidmet, mit herzhafter Münsterländer Kost ausstaffiert.

Der Schlemmerhimmel hängt voller Würste und Schinken und aus dem holzbefeuerten Backofen duftet es nach frisch gebackenem Brot, wenn man den Braugasthof betritt. Willkommen im Reich von Friedhelm Forthaus, einladende Speisestätte und Einkaufsladen zugleich. Die Auslagen von Wurst- und Fleischtheke

Pott's Schatzkammer:
Hier reifen Jahrgangsspezialitäten in Eichenholzfässern.

◀ **Jörg Pott, Chef der Pott's Brauerei in siebter Generation**

In der gläsernen Brauerei wird Pott's Landbierbrot gebacken (oben Werner Scholmann, Konditormeister) und in der gläsernen Metzgerei warten die Landbierbeißer auf zahlreiche Liebhaber.

regen schon beim Hinsehen die Magensäfte an und hausgemachte Leckereien am Kuchenbüfett harren verführerisch des baldigen Verzehrs. Die Herstellung all dieser Köstlichkeiten kann man hinter Glas verfolgen. Der gelernte Metzgermeister hatte im nicht weit entfernten Langenberg eine weithin bekannte Metzgerei mit Partyservice betrieben, als ihn 2003 Rainer Pott mehr oder weniger vom Fleck weg engagieren wollte, um „den Laden kulinarisch auf Vordermann zu bringen". Er überlegte nicht lang, schlug ein – und wurde Partner. Bis dato hatte es lediglich eine Art gastronomischer Grundversorgung gegeben, die Forthaus nun mit vielen Ideen und kreativen Plänen zu einem Platz vielfältiger Speisefreuden ausbaute. Er begann mit einem Wochen-Event, das schon heute zum Klassiker geworden ist: Donnerstag ist Spanferkel-Tag. Dann steht der Wirt höchstpersönlich im Kreise seiner hungrigen Gäste, zieht das Spanferkel aus dem heißen Steinbackofen und zerlegt fachmännisch das gute Tier. „Das war der Durchbruch!" erzählt er begeistert. Seither brauchte er sich um Kundschaft keine Sorgen mehr zu machen. Beim Münsterland-Büfett kommt man in den Genuss so heimischer Deftigkeiten wie Möpkenbrot (Blutwurst mit Mehl und Speck) oder Leberwurst, mehliert in der Pfanne gebraten, mit Apfelkompott und Reibeplätzchen. Von den würzigen Rostbratwürsten fertigt seine Metzgerei allein an einem Tag bis zu 300 Stück. Regelmäßig fährt er auch zum Großmarkt nach Bielefeld und holt sich frischen Fisch und Meeresfrüchte fürs Fischbüfett. Der leidenschaftliche Hobbykoch hat sichtlich Freude an seinem Beruf und serviert zum sonntäglichen Frühstück frisch gemachtes Mett und Omeletts in allen Varianten.

Solchermaßen wohl gesättigt lenkt man die Schritte bierwärts. Die Geschicke der Brauerei liegen mittlerweile in Sohneshand, Jörg Pott hat seit einem Jahr die Regie vom Vater übernommen und sorgt nun dafür, dass die Münsterländer gut gebrautes Bier erhalten und die Besucher über die Herstellung desselben umfassend aufgeklärt werden. So erfahren sie beispielsweise im multimedialen „Brunnenkino", mit welch kostbarer Flüssigkeit hier Bier gebraut wird: Die eigene Gesaris-Quelle liefert jahrtausendealtes Wasser aus der Eiszeit, kristallklar und frei von jeglicher Umweltverschmutzung. Der ideenreiche Braumeister ist zwar heute mehr mit Managertätigkeiten befasst, hat seinen Beruf jedoch von der Pike auf erlernt. So schätzt er gerade die handwerkliche Seite des Brauens, die besonders in Spezialsuden zum

Das Georg-Lechner-Biermuseum

Ausdruck gebracht werden kann. Hinter Kirchenfenstern, einer Kapelle gleich, befindet sich seine Schatzkammer. Am weihevollen Ort reifen 500 Liter von Triple-Porter in neun Barriquefässchen zu edelwürziger Reife heran. In steter Regelmäßigkeit werden hier außergewöhnliche Sude angesetzt. Auch Jörg Pott hatte in den USA die dortige Brauerszene kennengelernt und ist fasziniert von den Möglichkeiten, die beim Brauen noch auszutesten sind. „Das Rezept für dieses Bier haben wir von einer befreundeten Brauerei in den USA", erzählt er, „amerikanische Hefe, englischer Hopfen und deutsche Malze geben ihm den unvergleichlichen Geschmack." Eine Sünde wäre es und sinnlose Vergeudung, wollte man das alkoholmächtige Getränk (9,8 %) als Durstlöscher missbrauchen. Der sichere Weg in einen kapitalen Rausch! Man schließe daher die Augen und genieße das seltene Elixier in kleinen Schlucken aus einem bauchigem Cognacschwenker.

Ausflugstipps

Eigentlich hat man schon mit dem Biermuseum und dem Brunnenkino sozusagen die Attraktionen im Haus, es gibt aber auch in der Umgebung weitere schöne Ausflugsziele: Höhenburg Stromberg, Burgbühne mit Freilichtspielen, Vier-Jahreszeiten-Park. Das Münsterland ist, wie bei Coesfeld (Seite 41) erwähnt, ein Eldorado für Radfahrer: Werse-Radweg, Landesgartenschau-Route und die 100-Schlösser-Route, um Landschaft und Kultur der Region gemütlich oder sportlich zu erkunden.

Mit Liebe zum Detail wurde das Brau- und Backhaus aufwendig gestaltet.

Bierhaxe auf „Heißem Kraut" mit Bratkartoffeln und Landbiersauce

Heißes Kraut   40 g Griebenschmalz | 4 Zwiebeln | 1,5 kg Sauerkraut | 2 TL Pfeffer | Salz | Kümmel | ¼ l Weißwein

Bierhaxe   Ca. 1125 g Schweinshaxe | 1–2 EL Pökelsalz | Pott's Landbier (soviel Flüssigkeit, dass die Haxe davon bedeckt ist) | Marinade aus 100 ml Bratöl | 1–2 TL Salz und Pfeffer | 1 ½ TL Paprikapulver | 1 TL geriebene Muskatnuss | 1 TL Curry

Bratkartoffeln   600 g Pellkartoffeln | 1 Zwiebel | 30 g Bauchspeck | 30 g Margarine zum Braten

Landbiersauce 30 g Butter | 1 Gemüsezwiebel, fein gehackt | 2 Zehen Knoblauch | 1 l Fleischbrühe | ⅛ l Pott's Landbier | 15 g Kochsalz | 4 g Pfeffer | 2 g Kümmel, gemahlen | 2 EL Mehl | 1 EL Butter

■ In einem Topf das Schmalz auslassen und die fein gehackten Zwiebeln darin anschwitzen. Das Sauerkraut zufügen und kräftig durchschmoren lassen. Mit je ca. 2 TL Kümmel, Pfeffer und Salz würzen. Den Weißwein nach und nach zugießen und auf mittlerer Hitze ca. ½ Std. im offenen Topf weiterschmoren, bis die Flüssigkeit fast vollständig verkocht ist.
■ Die Grillhaxe vorbereiten: Ohne Fett und Schwarte und ohne den dicken Knochen auslösen und so zuschneiden, dass das magere Fleisch noch am Speichenknochen hängt. Eine Woche in eine Lake aus Pökelsalz und Bier einlegen.
■ Zubereitung: Die gepökelte Haxe im Kochtopf 1 ½ bis 2 Stunden brühen, bis sich der Knochen leicht vom Fleisch löst. Mit einer Marinade aus Öl, Salz, Paprika, Pfeffer, Muskat und Curry einpinseln und im Backofen bei 180 °C grillen.
■ Die Kartoffeln mit Schale im Salzwasser kochen, Speck und Zwiebel in Würfel schneiden. Nach dem Kochen die Kartoffeln etwas auskühlen lassen, pellen und in Scheiben schneiden. Die Margarine in einer Pfanne erhitzen und die Kartoffeln anbraten, mit etwas Salz und Pfeffer würzen. Kurz vor dem Servieren die Speck- und Zwiebelwürfel mitbraten.
■ Für die Landbiersauce Zwiebeln in Butter andünsten. Knoblauch pellen und dazu pressen. Landbier und Fleischbrühe zufügen und 8 Minuten kochen. Mit Pfeffer, Salz und Kümmel würzen, anschließend mit Mehlschwitze nach Belieben andicken. Eventuell mit Honig oder Zucker etwas lieblicher verfeinern. Zum Fleisch servieren.

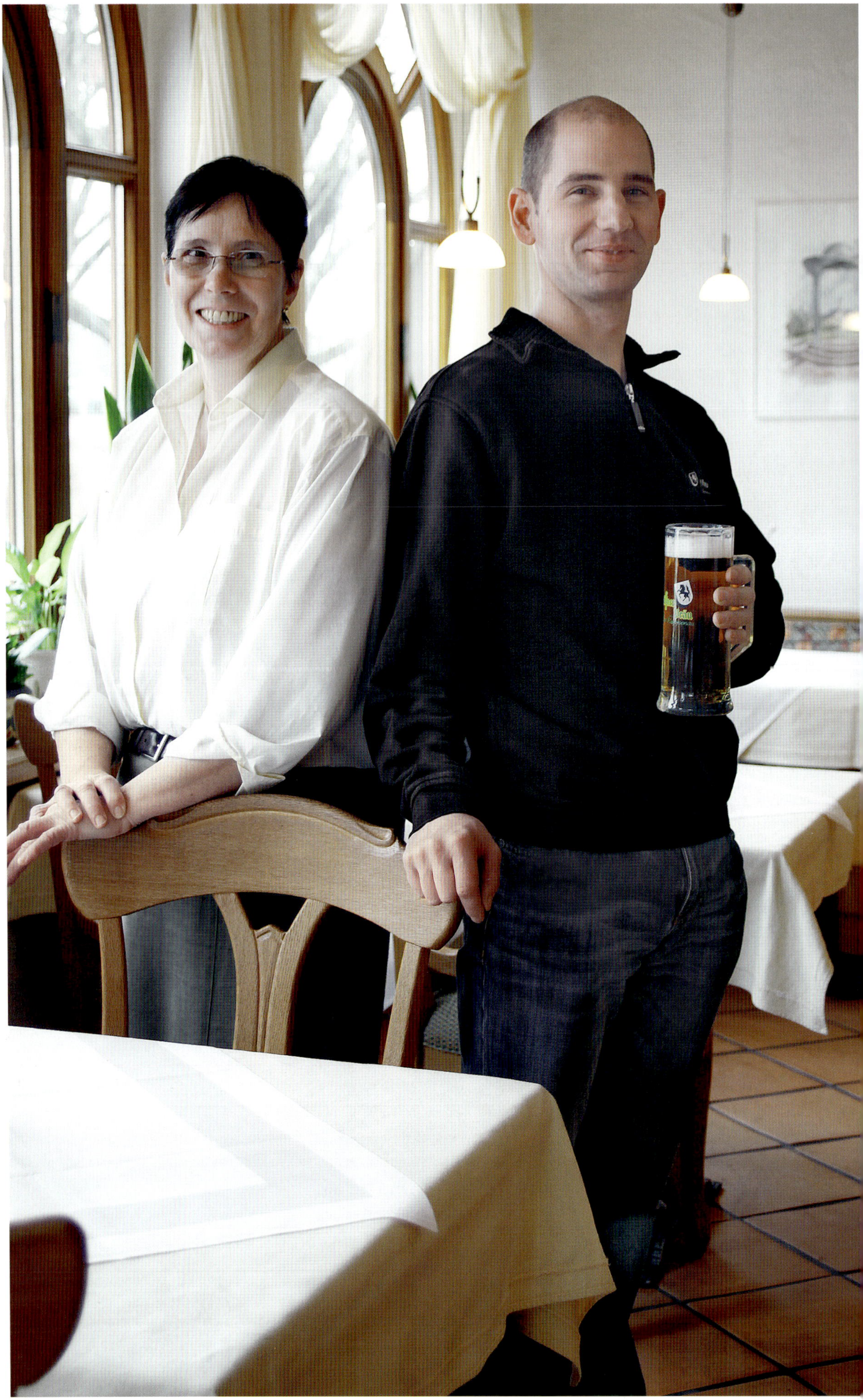

19
Braumeister im Brandeinsatz

Geschäftsführerinnen: Hannelore und Susanne Häffner
Küche: Luise Häffner
Braumeister: Thomas Wachno

Brauereigasthof Häffner
Salinenstraße 24
74906 Bad Rappenau

Telefon:07264/8050
Fax: 07264/7805119
HotelHaeffner@t-online.de
www.haeffner-braeu.de

Öffnungszeiten
Brauereigasthof
Täglich, außer freitags,
9.00–22.30 Uhr.
Warme Küche: 12.00–14.00 und
18.00–21.00 Uhr

Willkommen zur Kur in Bad Rappenau! Zwischen Kurklinik und Kurpark liegt im schwäbisch-badischen Grenzgebiet am Neckar das „Häffner Bräu" mit seinem Gasthof. Nicht Sole, sondern Gerstenbräu wirkt hier als gesundheitsförderliches Element.

Der Brauereigasthof verströmt den verträumten Charme gemütlicher Heimeligkeit in familiärem Ambiente. Hier scheint die Zeit stehengeblieben zu sein. Keine moderne Hektik trübt die Gastlichkeit des Hauses. Sonnenstrahlen werfen weiche Lichter ins Innere der Gaststube, während die Gäste der Hausmannskost von Mutter Häffner mit Genuss zusprechen.

Ihr Reich liegt hinter den Kulissen in der weitläufigen Küche. Verschmitzter Charme blitzt aus den Augen der zurückhaltenden Köchin. Mit routinierter Bewegung schwenkt sie Pfannen, rührt in Töpfen oder zaubert hoch lodernde Flammen mit dem hauseigenen Bier übers „Sudpfännle". Luise Häffner hat die alten Rezeptbücher noch nicht eingemottet, ihre Küche ist unverfälscht traditionell mit kleinen internationalen Ausflügen und ganz den Lebensmitteln der Umgebung verbunden. Wen wundert es, dass auch Bier eine nicht ganz unwichtige Rolle spielt? Lustvoll darf man in der reichhaltigen Speisekarte wählen zwischen Speisen der beiden hier zusammentreffenden Regionen – Baden und Schwaben. Fast alleine bewältigt sie das üppige Angebot, fallweise von Tochter Susanne unterstützt.

Dieser obliegt als Gastgeberin das Wohl der Gäste. „Ich habe schon immer gern Menschen um mich gehabt", meint sie, „daher

Zapfsäule in der Hotelhalle

◀ **Susanne Häffner und Braumeister Thomas Wachno**

macht mir die Arbeit in der Gastwirtschaft viel Spaß." Ihre Schwester Hannelore wird hier seltener gesichtet, da sie die Belange von Brauerei und Hotel zu dirigieren hat. Susanne zeichnet, mit Diplomen als Kauffrau und Braumeisterin, verantwortlich für Gastwirtschaft und Brauerei. Kochen, Backen und Bier – die Liebe dazu hat die Hausherrin von der Mutter und dem Vater geerbt. „Mein Vater war Brauer mit Leib und Seele", erzählt sie, „doch leider ist er vor zwei Jahren verstorben." Gut 100 Jahre ist nun die Brauerei im Besitz der Häffners, hat sich kontinuierlich gewandelt bis zum heutigen Betrieb, zu dem neben Brauerei und Gastwirtschaft auch ein Hotel mit 58 Zimmern zählt.

Das familiäre Trio wird süffig ergänzt durch den einzigen Mann im Team: Ohne Thomas Wachno läuft hier kein Bier aus dem Hahn. Schon als Lehrbub kam der Rappenauer ins „Häffner Bräu" – und ist bis heute geblieben. „Ich gehöre hier fast zum Inventar", schmunzelt er. Er hat gut Lachen, hat er doch fast alle Freiheiten und darf regieren, „wie wenn es mein eigenes wär". Tauchen jedoch Fragen

Luise Häffner im Reich der Pfanne und Töpfe, hier bei der Zubereitung des beliebten „Sudpfännles"

auf, sind Entscheidungen zu fällen, dann stimmt er diese mit der Chefin ab. Mit großer Liebe pflegt er die traditionellen Biere des Hauses – „aus Rappenau für Rappenau", wie er sagt –, produziert aber immer wieder recht erfolgreich eine kleine Charge neben der Spur. Er experimentiert gern und lässt sich dabei von den trendigen Bieren in den USA inspirieren. Dafür testet er Hopfensorten mit fruchtiger Geschmacksrichtung, die Zitrusnoten oder Anklänge an exotische Früchte besitzen. Er mälzt Rappenauer Gerste und baut seinen eigenen Hopfen an. Eines seiner Jahrgangsbiere wurde daraus. Oder er gibt für ein Spezialbier, „Hopfenstopfer" genannt, nach der Hauptgärung nochmals ungekochten Hopfen dazu. „Das gibt eine ganz andere Aromenvielfalt", erklärt er begeistert, „die sonst beim Kochen verlorengehen würde." In seiner Freizeit befehligt der Brauer als stellvertretender Kommandant eine Truppe von 300 Feuerwehrleuten. Man darf davon ausgehen, dass nicht nur nach Brandeinsätzen so manches Häffnerbier deren Kehlen hinunter fließt.

Ohne Thomas Wachno (links) läuft hier kein Bier aus dem Hahn und das Dasein in der alten Gaststube (rechts) wäre ziemlich trocken.

Ausflugstipps

Bad Rappenau ist ein Starksole-Heilbad und auch die Umgebung ist „salzig". Es gibt einen „Salz&Sole-Radweg", dessen Stationen alle auch für sich allein einen Besuch wert sind. Um nur einige zu nennen: Bad Wimpfen am Neckar mit der Kaiserpfalz, Bad Friedrichshall mit dem Besucher-Salzbergwerk oder das malerische Deutschordens-Städtchen Gundelsheim mit dem alles überragenden Schloss Horneck.

Rappenauer Sudpfännle mit Schupfnudeln

Sudpfännle Je 4 Medaillons vom Schweine-, Rinder- und Kalbsfilet à 60 g | 1 Zwiebel, fein gehackt, | ⅛ l Schwärzberg Gold (Dunkelbier) | ⅛ l Bratensauce | 1 TL Kümmel | Salz | Pfeffer | je 30–40 g Möhren | Lauch und Sellerie

Schupfnudeln auch „Bubaspitzle" genannt   500 g gekochte Kartoffeln vom Vortag | 250–300 g Mehl | 1 Ei | 1 TL Salz | ½ TL Muskat

■ Das Gemüse waschen, putzen und in feine Streifen schneiden. Mit Butter anschwenken und mit etwas Wasser oder Gemüsebrühe bissfest kochen.
■ Die Medaillons mit Salz und Pfeffer würzen und in heißem Butterfett braten. Wenn sie fast gar sind, gehackte Zwiebeln hinzugeben und glasig werden lassen.
■ Alles mit Bier ablöschen, Bratensauce angießen und Kümmel zufügen. Die Medaillons im Kupferpfännle anrichten und mit der

Sauce übergießen. Die warmen, vorbereiteten Gemüsestreifen obenauf garnieren.
■ Für die Schupfnudeln:
Die Kartoffeln durch die Kartoffelpresse drücken und mit dem Mehl, Ei, Muskat und Salz zu einem festen Teig kneten. Abschmecken. Auf dem bemehlten Backbrett fingerlange und -dicke Würstchen formen und in kochendes Wasser geben. Wenn sie aufsteigen, herausnehmen und abtropfen lassen. In etwas Butterfett anbraten

Weißbier-Sabayon mit glacierten Apfelspalten

1–2 Äpfel (Golden delicious) | 3 Eigelbe | 0,1 l Kurstadtweizen | 50 g Zucker | etwas Bourbonvanillezucker | gemahlener Zimt | 1 TL Zucker | etwas Butter

■ Die Äpfel waschen, schälen das Kernhaus entfernen und die Äpfel in dünne Spalten schneiden. Die Butter in einer Pfanne schmelzen, Zucker einstreuen, die Äpfel zugeben und leicht karamellisieren lassen.
■ Für die Schaumsauce die Eigelbe, Weizenbier, Zucker, Vanille und Zimt mit dem Schneebesen über dem Wasserbad ca. 4 Minuten cremig-schaumig aufschlagen. Anschließend außerhalb des Wasserbads nochmals 1–2 Minuten weiterschlagen.
■ In einer hohen Glasschale anrichten und mit den Apfelspalten dekorieren.

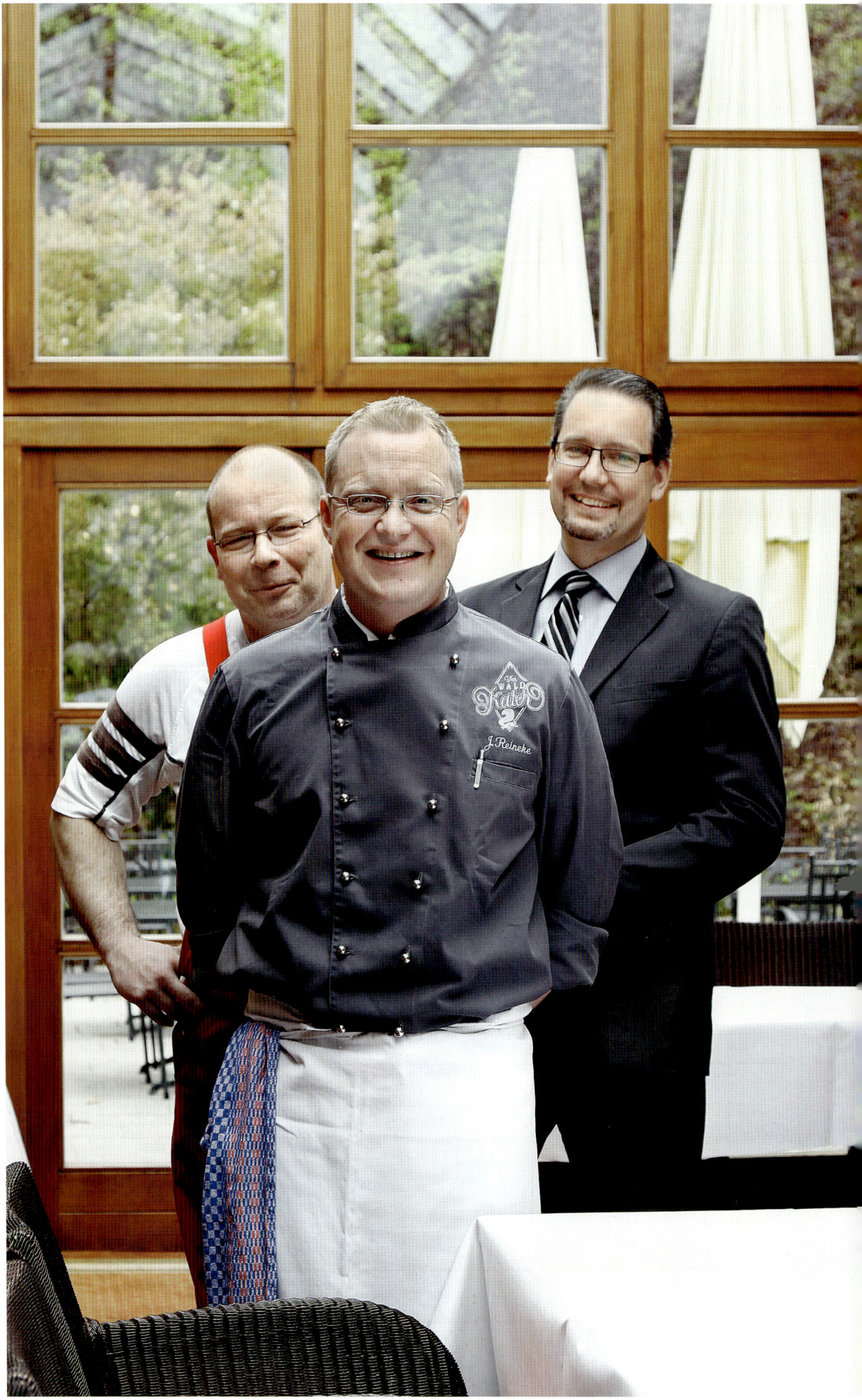
Der
WALD
Kater
J. Reineke

20
Von der Schutzhütte zum Schlemmerhotel

Gastgeber/Geschäftsführer: Thomas Rathkolb
Küchenchef: Jens Reineke
Brauer: Maik Heptner

Ringhotel Der Waldkater****
Waldkaterallee 27
31737 Rinteln

Tel 05751/ 17980
info@waldkater.com
www.waldkater.com

Öffnungszeiten
Restaurant
Donnerstag–Samstag
18.00– 23.00 Uhr
Sonntag 11.00–14.00 Familienbrunch

Brauerei-Gaststube
Täglich ab 11.00 Uhr

Der Blick schweift ins Grüne. Hier darfst du entspannen, hier kannst du unbeschwert genießen. Unter dem hohen Glasdach wird feine Küche zelebriert. Alles ist von exquisiter Note – unaufdringlich, doch jedes Detail handverlesen und fein aufs Gesamtkonzept abgestimmt.

Im „Waldkater-Restaurant" liegt das Wohl der Gäste in Sichtweite der Waldterrasse mit lichtem Baumbestand wie auch in den kundigen Händen von Chefkoch Jens Reineke. Der gebürtige Detmolder hat auf seinem Weg durch zahlreiche Küchenstationen sein Handwerk auf eindrucksvolle Weise verfeinert und wohl vor allem bei Altmeister Albert Bouley in Ravensburg seine Liebe zu Fisch, Meeresfrüchten und asiatisch angehauchten Kreationen entdeckt. Trotz allem ist er bodenständig geblieben und bevorzugt regionale Rezepturen wie auch die Produkte, die in der Gegend wachsen und weiden. „Zottelviecher", wie er sie nennt, sind die Highland-Rinder, die ihm das Fleisch liefern, Heidschnucken erhält er vom Schäfer der Umgebung und auch der Ziegenkäse hat keinen weiten Weg hinter sich, wenn er seine Küche erreicht. Greift Reineke in der Küche zum Bier, ist das Ergebnis seiner Gerichte von delikater Raffinesse. Eine kulinarische Freude ist das in Weizenbier pochierte Lachsfilet, begleitet von fein abgeschmecktem Gerstenmalz-Risotto.

Sind im Restaurant die Töne dezent, die Atmosphäre elegant, so wirbt die Brauerei-Gaststube um den Gast, der es etwas kräftiger und herzhafter wünscht. Frische Produkte sind hier gleichfalls die Basis der Speisekarte, die jahreszeitlich orientiert z. B. im

Feine Küche unter hohem Glasdach

◀ **Das „Waldkater"-Team (von links nach rechts): Maik Heptner, Jens Reineke und Thomas Rathkolb**

Die Kupferkessel in der Brauerei-Gaststube signalisieren: Hier wird meisterhaft Bier gebraut – „Meisterbräu" eben.

Herbst Wildbret und Pilzgerichte bietet. Jedoch unübersehbar signalisiert der große Kupferkessel der Hausbrauerei, worum es hier natürlich geht: ums Bier. Frisch gezapft kommt das Hartinger-Meisterbräu auf den Tisch in den Standardsorten Helles und Dunkles. Saisonal gesellen sich dazu sommerliche Weizen- sowie würzig-kräftige Festbiere. Bis zu dreimal pro Woche setzt der Braumeister einen Sud an.

Größter Beliebtheit erfreut sich auch das Barbecue am Freitag. Wachteln oder Ochsenkoteletts werden auf der Terrasse zart-saftig auf den Punkt gegrillt und am Tisch tranchiert. Maritime Genüsse wie Scampi und Jakobsmuscheln beglücken der Gäste Gaumen und durch die Kehle rinnt so mancher Schluck des hauseigenen Gebräus.

Hinter all dem waltet eine Hand, die genau das im Auge hat, worum es im Hotel gehen sollte: das Wohlgefühl der Gäste. Thomas Rathkolb, selbst ausgebildeter Koch und Hotelkaufmann, dirigiert seit 2007 ein Team von freundlichen Mitarbeitern, die sich um den Gast sorgen. Großzügig bemessene Zimmer und Suiten, perfekt eingerichtet, sorgen für einen luxuriösen Aufenthalt in stilvollem Rahmen mit beschaulicher Waldesruhe.

Einst nur eine Schutzhütte für Wanderer und Ausflügler war der „Waldkater" vom Rintelner Verschönerungsverein zur beliebten Gaststätte ausgebaut und bis in die 1980er-Jahre betrieben worden. Zu dieser Zeit erwarb schließlich die Riha-Gruppe, einer der größten Fruchtsaftherteller Europas mit Stammsitz in Rinteln, das Anwesen und eröffnete 1989 den nun zum Vier-Sterne-Hotel verwandelten „Waldkater". Riha-Seniorchef Richard Hartinger legt selbst großen Wert auf gutes Essen und qualitätsvolle Produkte. Mit großer Liebe betreibt er auf seinem Gut Schwechow in Mecklenburg-Vorpommern eine Obstbrennerei, wo auch seltene Gewächse wie Speierling oder Wildkirschen zu edlen Bränden destilliert werden – feinste Verdauungshilfen nach einem „Waldkater-Menü".

Wünscht nun der ambitionierte Feinschmecker seine eigene Kochkunst zu vervollkommnen, so hilft auch hier ein „Kater": Rintelns wunderschöne mittelalterliche Altstadt beherbergt in historischem Fachwerkhaus den „Kochkater". Im lichtdurchfluteten Ambiente thront eine mächtige Herdinsel, wo sich zu bestimmten Abenden Kochambitionierte um Küchenchef Reineke scharen, um von seinen Kochkünsten zu profitieren.

Meisterbräu im Krug und Glas

Ausflugstipps

Dampf macht hier nicht nur die Küche. Von Mai bis Oktober fährt die historische Dampfeisenbahn Weserbergland von Rinteln nach Stadthagen. Ebenfalls auf Schienen laufen die Draisinen im Extertal (der Bahnhof ist nur 4 km vom Hotel entfernt). Lohnend ist auch ein Besuch der „Erlebniswelt Steinzeichen Steinbergen" und, nicht zu vergessen, der Altstadt von Rinteln mit dem oben erwähnten „Kochkater".

Hinter dem Fachwerk erwarten den Gast großzügig bemessene Zimmer, ein exquisites Restaurant und eine gediegene Brauerei-Gaststube.

Weizenbierkonfiertes Lachsfilet auf gemalztem Risotto mit Wildkräutersalaten in Malzbierdressing

Für 6 Personen

Risotto   100 g dunkles Gerstenmalz | 1 ½ l Gemüsebrühe | 400 g Risottoreis | 2 kleine Zwiebeln | ½ Stange Lauch | 0,3 l Hartinger Hell | 70 g Butterfett | 100 g geriebener Parmesan | Salz | Pfeffer

Salat   500 g Wildkräutersalat | 1 Schalotte oder kleine Zwiebel | 5 EL Olivenöl | 1 EL Balsamico, weiß | 10 EL Malzbier | Salz | Pfeffer

Lachs   1,2 kg Lachsfilet (~ 1 Seite) | ½ l Weizenbier | 2 El. Rohrzucker | 2 Msp Salz-Pfeffer-Mischung im Verhältnis 10 zu 1

■ Für den Risotto zuerst das Malz in 300 ml Gemüsebrühe kochen, die restliche Brühe erhitzen. Zwiebeln und Lauch schälen bzw. putzen und klein schneiden.
■ In einem großen Topf das Butterfett erhitzen und das klein gehackte Gemüse und den Risottoreis darin anschwitzen.
Mit dem Bier ablöschen und einkochen lassen. Der Risotto sollte dabei leise blubbern, also nicht auf voller Flamme kochen, sonst werden die Reiskörner außen zu schnell gar. Ist die Flüssigkeit fast ganz eingesogen, etwas Gemüsebrühe dazugeben und weiterrühren, bis diese eingesogen ist. Das Rühren nicht vergessen – erst dadurch wird der Risotto richtig cremig.
■ Den Vorgang ca. 15–20 Minuten ständig wiederholen, dann probieren. Der Reis sollte noch ein ganz wenig Biss haben. Falls nötig, noch etwas Brühe hinzufügen und weiterrühren, bis die gewünschte Bissfestigkeit erreicht ist.
■ Dann den Risotto vom Herd nehmen, salzen und pfeffern. Die Butter und den Parmesan kräftig unterrühren und – ganz wichtig – den Deckel auf den Topf legen und das Ganze noch 2–3 Minuten stehen lassen. Jetzt erst das gekochte Malz unterheben. Nochmals kurz umrühren und sofort servieren.
■ Für den Salat die Zwiebel schälen und in feine Würfel schneiden. Die anderen Zutaten in eine Schüssel zusammenrühren. Den Salat damit marinieren, anrichten, fertig!

■ Den Lachs schuppen, entgräten und portionieren. Das Weizenbier, den Rohrzucker, Salz und Pfeffer in einen Topf geben, den Lachs hinzufügen und zugedeckt kurz aufkochen. Dann an den Herdrand stellen und 10 Min. ziehen lassen. Hier sollte der Lachs auf eine Kerntemperatur von 60 °C kommen.
■ Portionsweise mit Risotto und Wildkräutersalat auf Tellern anrichten (siehe Foto). Für die Sauce kann der Fischsud mit etwas Mehl und kalter Butter gebunden werden.

Treberkuchen mit Rosmarin-Vanilleeis und frischen Früchten

Treberkuchen   300 g Zartbitterschokolade oder gute Kuvertüre | 480 g Butter | 600 g Zucker | 360 g Eigelb | 900 g Eiweiß | 240 g Mehl | 240 g Treber, trocken | Zimt

Rosmarin-Vanilleeis   2 Vanillestangen | 5 Eigelb | 100 g Zucker | 250 ml Milch | 350 ml Sahne | 1 Zweig Rosmarin, frisch, fein gehackt

Frische Früchte der Saison

■ Für den Kuchen die Schokolade oder Kuvertüre im Wasserbad verflüssigen. Die Butter mit dem Zucker und Eigelb aufschlagen und daruntermischen. Das Eiweiß steif schlagen und mit dem gesiebten Mehl, Treber und Zimt unter die Masse heben.
■ Den Backofen auf 175 °C vorheizen, den Teig in gefettete Metall- oder Silikonförmchen füllen und sofort ca. 25 Min. backen.
■ Für das Vanilleeis die Vanillestange längs halbieren und das Mark herauskratzen. Eigelb mit Zucker schaumig aufschlagen.
■ Die Milch mit 250 ml Sahne, Vanillemark, Rosmarin und den ausgekratzten Vanillestangen aufkochen. Diese dann herausnehmen und die Milch durch ein Sieb unter ständigem Rühren zu der Eigelbmasse geben. Über einem Wasserbad schaumig rühren.
■ Die Schüssel in kaltes Wasser setzen und solange weiterrühren, bis die Metallschüssel nur noch lauwarm ist. Im Kühlschrank abkühlen lassen. Die restliche Sahne steif schlagen und unter die abgekühlte Creme heben. In der Eismaschine gefrieren lassen.
■ Die Treberküchlein mit Eis und frischen Früchten anrichten.

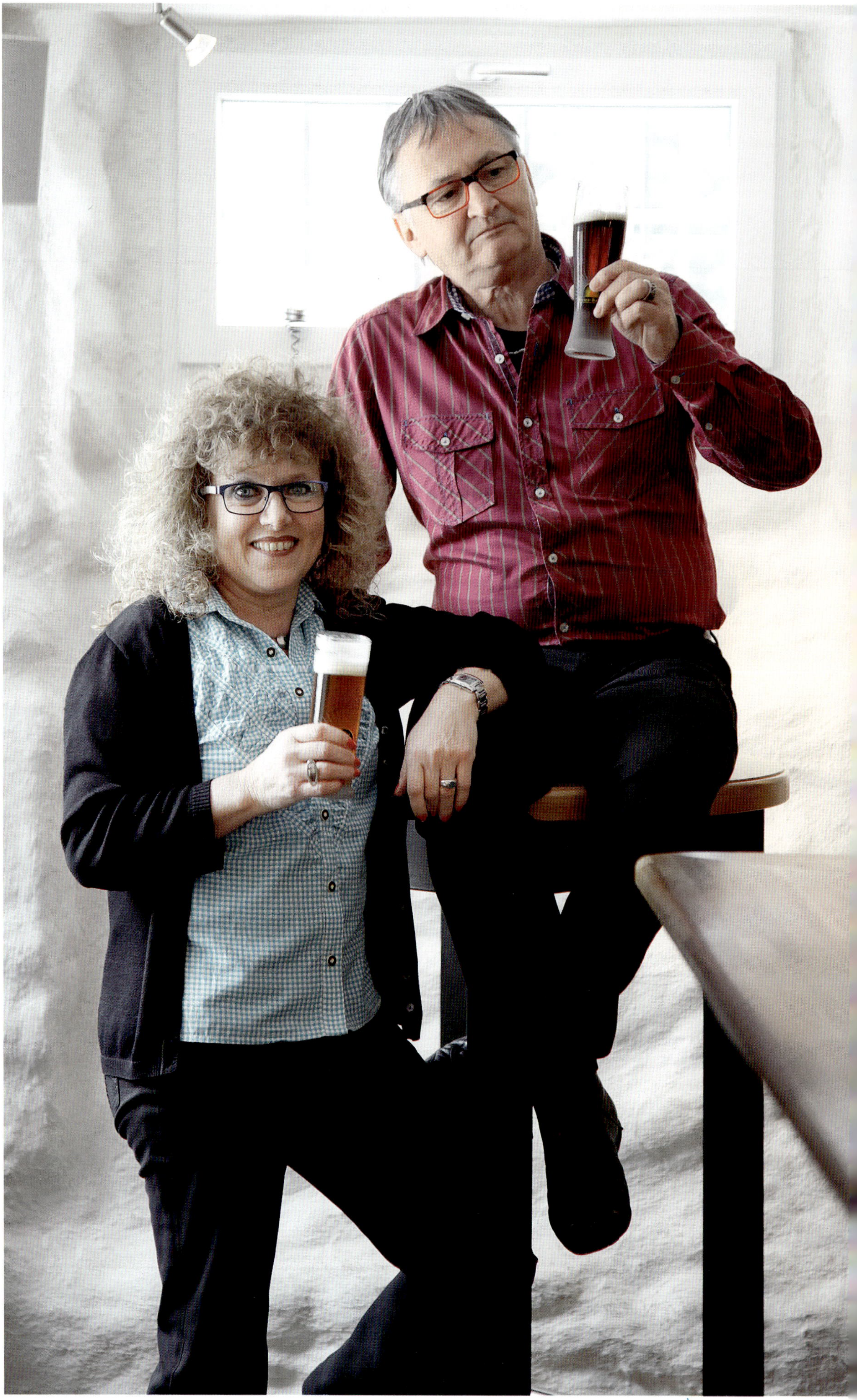

21
Am besten schmeckts an Ort und Stelle

Wirte: Marianne Hasler und Walter Tobler
Braumeister: Tilmann Ludwig
Küche: Christian Tobler

Huus-Braui
Schlossgässli 2
CH-9325 Roggwil

Tel +41/71/4500636
www.huus-braui.ch

Öffnungszeiten
Montag–Donnerstag
16.00– 19.30 Uhr
Freitag 16.00–22.00 Uhr
Samstag 13.00–17.00 Uhr
Andere Öffnungszeiten
auf Anfrage
An Sonn- und Feiertagen
geschlossen

Die südlichste Etappe dieses Buches führt uns ins Hinterland des Schweizer Bodenseeufers in den Kanton Thurgau. Keine halbe Stunde hinter der Grenze kündet in Roggwils Ortsmitte ein Schild über dem schmiedeeisernen Gartenzugang von bierigen Freuden.

„Mein Lieblingsbier ist das Gold", meint Marianne Hasler. „Und deshalb trinken auch die meisten dieses Bier", lacht sie, „weils halt der Chefin am besten schmeckt." Helles, Dunkles und das Gold sind zwar standardmäßig im Angebot der „Huus-Braui", doch die Gäste folgen gern der Empfehlung der sympathischen Schweizerin.

Unweit einer prächtigen Schlossanlage steht sie hinterm Tresen der kleinen Brauerei, wo in der „Alten Öli" einst Öl gepresst wurde. Und nur einem spontanen Einfall ihres Lebensgefährten, Walter Tobler, ist es zu verdanken, dass heute an dieser Stelle Bier gebraut wird. 2001 kurvte er auf seiner Harley durch die Berge, als ihm die Idee kam. „Ich rief Marianne sofort von unterwegs aus an", erinnert er sich. Und kaum zurückgekehrt, schritten beide zur Tat.

Das Kellergeschoss ihres Domizils wurde entrümpelt und Platz freigemacht für eine kleine, aber exzellente Brauereieinrichtung mit Bartheke. Schon ein Jahr später wurde eröffnet – mit riesigem Erfolg. Hell strahlt Tageslicht durch die Fenster herein und weiß verputzte Wände geben dem niedrigen Raum eine angenehme Weite. Kleine Tische, Barhocker am Tresen. Ein Sudkessel aus

„Huus Braui Hell" – nachmittags ab 16:00 Uhr

◀ Marianne Hasler und Walter Tobler in der Bar in Roggwil

Im Gärkeller: Tilmann Ludwig. Er sorgt dafür, dass an der „Huus-Braui"-Bar in Roggwil (Abbidlung rechts) immer ein gutes Bier aus dem Zapfhahn fließt.

Edelstahl ragt mit glänzender Spitze unweit der hölzernen Stehtische empor. Übers Geländer blickt man hinunter. Eine Metalltreppe führt ins eigentliche Braugeschehen. Hier reihen sich Gär- und Lagertanks aneinander. Hier entstehen die drei Standardbiersorten, die es immer gibt, wie aber auch in wechselnder Folge spezielle Bräus, die Braumeister Tilman Ludwig zu verantworten hat. In Absprache mit Walter Tobler braut der junge Deutsche Biere, die durch ihre Vielfalt beeindrucken und einem gehörigen Schuss Kreativität wie einer großen Portion Können entspringen.

Beiden ist das Brauen Herzensangelegenheit. Und Walter Tobler, von Haus aus gelernter Koch, aber auch einer der ersten Diplom-Biersommeliers in der Schweiz, schätzt die Experimentierfreude seines jungen Mitarbeiters. Gemeinsam werden Stil und Geschmacksrichtung der nächsten Charge diskutiert. Das Ergebnis wird immer wieder mit Spannung erwartet, jeder Sud ist anders. Schließlich wird verkostet und bei Wohlgefallen dann den Gästen kredenzt. „Und wenn es mal nicht so ganz geworden ist", meint Tobler, „dann machen wir unseren Bierbrand daraus. Wir leeren nichts weg, es ist ja ein gutes Produkt." Die „Huus-Braui"-Biere serviert der umtriebige Schweizer auch in seinen weiteren Betrieben, dem „National zum Goldenen Leuen" in St. Gallen und dem Airport Catering in Altenrhein und seit Neuestem in der „Linde" in Roggwil, die sein Sohn Christian – ebenfalls Koch und Bierbrauer – zusammen mit seiner Frau Ramona betreibt.

Ab vier Uhr nachmittags wird ausgeschenkt. Vorher gibts nichts. Das „Huus-Braui" öffnet unter der Woche gerade mal knapp vier Stunden am Tag. Wie soll das gehen? „Die Theke war eigentlich nur zur Verkostung gedacht", erzählt Hasler, „aber unsere Gäste trinken das Bier lieber gleich hier, anstatt es nach Hause zu tragen." So wandelte sich das „Huus-Braui" zur Feierabendbar, wo sich Kollegen zum Absacker treffen, schwatzen und diskutieren, weil sie hier einfach die gemütliche Atmosphäre schätzen.

„Aber um acht werfen wir alle raus", erklärt Tobler, „dann ist Schluss. Auch ich krieg dann nichts mehr", lacht er. Aber in diesen vier Stunden ist die Bude voll und das Bier läuft zügig aus dem Hahn. Das Bier begleiten leckere Kleinigkeiten, die über Jahre immer gleich geblieben sind – weil bewährt. So zum Beispiel Weißwürste mit Brezel und süßem Senf nach bayerischem Vorbild, seit Beginn vom selben Metzger fabriziert. Sehr beliebt ist der Specktreber, ein Treberbrot mit Speck und Käse überbacken – ein Gaumenschmaus. Und schmeckt „sooo gut" zum Bier.

Uns haben die Chäschüechli besonders gut geschmeckt, die im St. Gallener „Leuen" serviert werden. Aber die werden nach einem Familienrezept zubereitet, das Walter Tobler nicht preisgibt, das wir aber immerhin fotografieren durften. Man sollte sie an Ort und Stelle probieren. Trotzdem – wer „der Spur nach" seine Chüechli selber backen will, der kann es nach dem umseitigen Rezept tun, das dem Verlagsarchiv entstammt.

Im „National zum Goldenen Leuen", St. Gallen

Ausflugstipps
Naheliegende Ausflugsziele sind Arbon und Rorschach am Bodensee und dann natürlich St. Gallen – nicht nur um den „Leuen" der „Huus-Braui"-Wirte zu besuchen, sondern die großartige und weltberühmte Stiftsbibliothek, die Stiftskirche und die Altstadt. Wer etwas mehr Zeit mitbringt, fährt ins Appenzeller Land und mit der Bergbahn auf den Säntis, um die traumhafte Aussicht über den Bodensee und das Alpenpanorama zu genießen. Eisenbahnfreunde nehmen die Appenzeller Bahnen, um kreuz und quer und oft mit Zahnradbahnen durchs Land zu fahren.

Ofenfrische Brezeln und „Specktreber" begleiten das Bier.

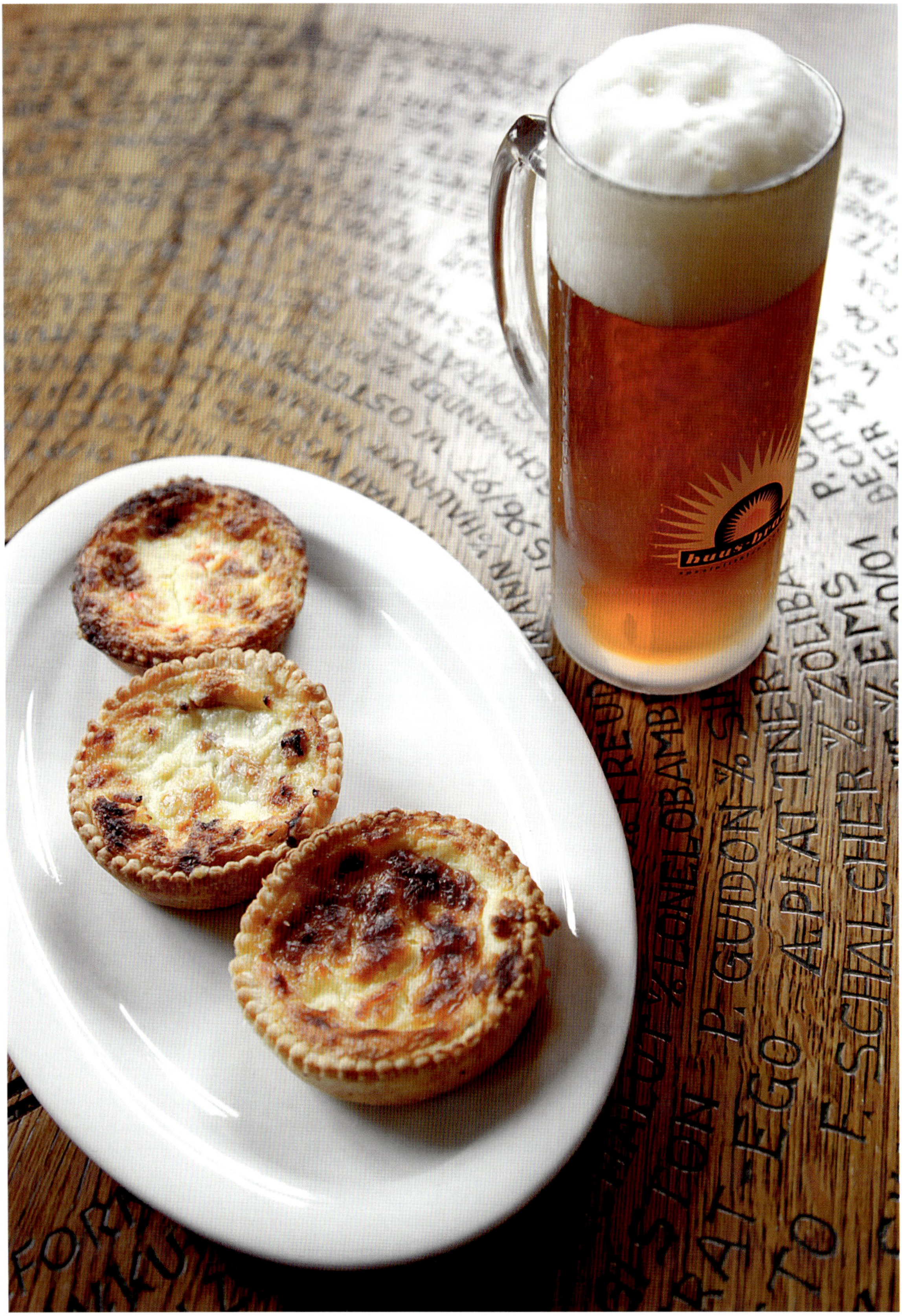
P. GUDON
F. SCHALCHER

Chäschüechli

Für 6 Portionsförmchen

Mürbteig   200 g Weizen- oder Dinkelweißmehl | ½ TL Salz | 100 g kalte Butter | 75–100 ml Wasser

Belag   2 Eier | 200 ml Joghurt | 100 ml Milch | 1 große Zwiebel | 300 g Bergkäse (evtl. mild und würzig gemischt, vorzugsweise Appenzeller wegen der räumlichen Nähe) | Pfeffer aus der Mühle | Muskat, frisch gerieben

■ Für den Teig Mehl und Salz vermischen, die kalte Butter in Stückchen schneiden und mit dem Mehl zusammen hacken, bis Krümel entstehen.
■ 1 Stunde kühl stellen, dann ausrollen und Rondellen in Größe der Förmchen ausstechen. Die Förmchen damit auslegen und nochmals kühl stellen.
■ Inzwischen für den Belag die Eier, Joghurt und Milch verquirlen, die Zwiebel schälen und fein hacken, den Käse grob raspeln, alles gut vermischen, würzen und in die Förmchen füllen.
■ Im vorgeheizten Backofen (220 °C) in 25–30 Min. goldgelb backen.
■ Wer Zeit sparen will, kann anstelle des Mürbteigs auch einen Tiefkühlblätterteig verwenden.

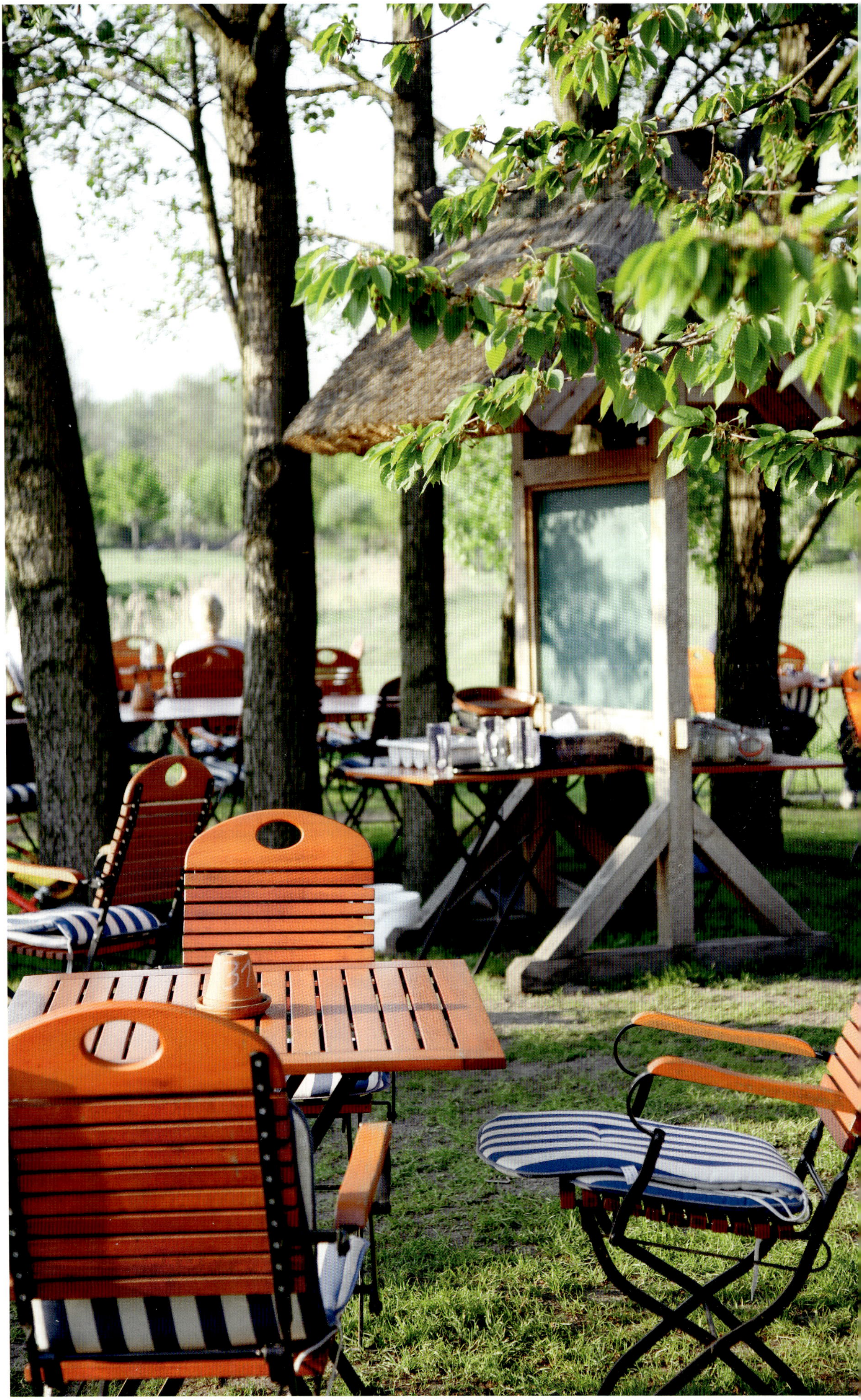

22
Gastronomischer Mikrokosmos mit Glanzlichtern

Geschäftsführer: Susanne Du Chesne und René Kowatsch
Küchenchef: Kevin Noack
Braumeister: Uwe Zech

Landgasthof zum grünen Strand der Spree
Dorfstraße 53/56
15910 Schlepzig

Tel.: 035472/6620
Fax: 035472/473
www.spreewaldbrauerei.de
info@spreewaldbrauerei.de

Öffnungszeiten
Restaurant (Küchenzeiten)
Montag–Freitag 12.00–14.30 Uhr
und 17.00–21.00 Uhr
Samstag und Sonntag
12.00–21.00 Uhr

Brauhaus (Küchenzeiten)
Täglich 12.00–21.00 Uhr

Strandleben im Kleinformat. Rot-weiß gestreifte Liegestühle auf Sandstrand, ein hölzerner Steg ragt übers Wasser eines Weihers, und im Hintergrund erhebt sich eine luftige, mächtige Kuppel aus Weidenzweigen. Überraschung! Wer hätte hier so etwas vermutet?

Reden wir nicht von Spreewaldgurken und schlanken Kähnen, die durch endlos verzweigte Kanäle gestakt werden. Spricht man vom Spreewald, macht es im Kopf klick und diese Bilder sind einfach da. Doch da existiert ein kleines Dorf, rund 80 Kilometer südlich von Berlin, das diesem Klischee überraschende Elemente hinzufügt. Im kleinen Weiler namens Schlepzig weiden Kühe auf den Wiesen und bellen Hunde Katzen hinterher. Wie es auf dem Land eben so ist. Und da steht dieser Landgasthof mit Backsteinfassade an der kleinen Dorfstraße, gegenüber fließt dunkelgrünes Wasser und hinterm Haus genießen zahlreiche Gäste unter Sonnenschirmen Bier und Brauhauskost, Haxe und Spanferkel auf dem Rasen der verträumten Freiluftoase.

Der Schöpfer dieser Idylle ist ein Zugereister, ihre Entstehung verdankt sie dem Zufall. Eigentlich war Dr. Torsten Römer mit seiner Frau nur auf der Suche nach einem Wochenendhäuschen in erreichbarer Nähe zu seiner Villa am Wannsee und dabei stolperten sie über ein altes Gasthaus, dessen rustikaler Charme seine Leidenschaft fürs Gestalten herausforderte und dessen ländliche Umgebung den gebürtigen Bremer an seine Heimat erinnerte.

◀ Biergarten mit Strandleben auf dem Grund der „Spreewälder Privatbrauerei"

Das alte Gasthaus wurde liebevoll renoviert und umgebaut.

Bier mit Tradition

Also, Pläne neu ausgerichtet, Haus gekauft, renoviert und umgebaut. Römer macht keine halben Sachen: Er sagte Berlin ade, verlegte sein Domizil in die Provinz, und zwei Jahre später, am 1. Januar 1993, öffnete der „Landgasthof am grünen Strand der Spree" seine Türen. Ein Landhotel mit stilvoll eingerichteten Zimmern und anspruchsvoller Gastronomie war entstanden.

Wir sitzen im kühlen Schatten der Bäume, frisches Bier lässt die Gläser beschlagen. Brando, ein Berner Sennenhund, liegt zu Füßen seines umtriebigen Herrchens, Dr. Torsten Römer. Dessen berufliche Richtung hatte sich damals um 180 Grad gedreht. Viele Jahre war der studierte Radiologe wissenschaftlich tätig gewesen, hatte an der Entwicklung von Computertomographen und Ultraschalltechnologie maßgeblich mitgearbeitet. „Das war eine tolle Zeit", erinnert er sich. Doch als man ihm eine Professur anbot, sagte er nein. „Dazu hatte ich nun aber gar keine Lust", meint er. Planen, anpacken, machen – das war und ist sein Ding. Das Kapital fürs Spreewald-Abenteuer hatten Römers durch Postenverkäufe erwirtschaftet. Die Millionen steckten sie in das Schlepziger Anwesen. Heute ein gastronomischer Mikrokosmos, der um die Hausbrauerei mit uriger Gaststube, weitere Zimmer und Appartements erweitert worden war, geprägt von Baulust, dem Spaß am Neuen und stilsicherer Gestaltung – und seit Juli 2012 unter neuer Leitung von Susanne Du Chesne und René Kowatsch, die bereits das „Satama" Sauna Resort & Spa am Scharmützelsee betreiben, „Brandenburgs schönster Saunapark", wie sie mit Stolz feststellen.

Doch zurück zum Gründer: „Ich bin eigentlich kein Gastronom", lächelt der Seiteneinsteiger, „ich liebe den Hokuspokus, das Spielen mit den Dingen, die wir hier machen." So lässt er im Nachbardorf eine alte englisch-amerikanische Schweinerasse mit dicker Schwarte mästen, deren Speck er dann in eigens aus Carrara-Marmor angefertigten „Särglein" zu elegantem Lardo heranreifen lässt. Und der Schinken der Duroc-Schweine wird in 320 Millionen Jahre altes Göttinger Steinsalz eingelegt, dann geräuchert und 18 Monate an den Haken gehängt. „Passt wunderbar zu unserem Spargel mit Hollandaise", schwärmt er. Die Raffinesse einer eigentlich schlichten Speise hatte es uns gleichfalls angetan: Eine sahnemächtige Gurkensuppe erfuhr kulinarische Erhöhung durch mildwürziges Tartar vom Lachs. Zum Augenverdrehen!

Nur wenige Häuser entfernt ruhen jedoch seine hochgeistigen Juwelen im erst jüngst eröffneten „Spreewaldini". Dort hat sich Torsten Römer einen Traum erfüllt und eine Destillerie für edelste Brände errichtet. Der schottisch anmutende Verkostungsraum atmet liebevolle Hingabe zum feinen Destillat. Überall stehen die Elixiere auf Tischlein und Fässern. Obstbrände, Single Malts und

Die Hausbrauerei mit uriger Gaststube und der „Entdecker" dieses Kleinods, Dr. Torsten Römer

Am gedeckten Tisch darf man sich auf raffinierte Spezialitäten freuen.

Flaschen mit Rhum Agricole beherrschen in unübersehbarer Zahl die Wandregale. „Ich trinke überhaupt keinen Schnaps", lacht der ausgewiesene Bierfreund verschmitzt, „aber ich sammle diese Dinge gern und es hat mich schon immer gereizt, eigene Brände herzustellen." Und dies gelingt ihm mit großem Erfolg – und in freundschaftlicher Nachbarschaft zu den neuen Besitzern des Landgasthofs und der Brauerei, die ihre guten Erfahrungen mit dem Saunapark um neue Akzente am grünen Strand der Spree erweitern wollen. „Zunächst werden wir zwei Spa-Suiten errichten, in denen unsere Gäste urlauben, entspannen und ganz für sich saunieren können." Der Landgasthof wird um ein weiteres Glanzlicht bereichert werden.

Ausflugstipps

Das Dorf Schlepzig, schon 1004 als Sloupisti erwähnt, liegt im Herzen des Unterspreewaldes. Die Fachwerkkirche, das Agrarhistorische Museum, eine rekonstruierte Mühle sowie die Naturschutzstation sind einen Besuch wert. Mit wenigen Schritten, praktisch hinter dem Haus, ist man im Spreewald. Am Ortsausgang von Schlepzig beginnt ein Naturlehrpfad und in den Kanälen zu paddeln oder mit dem Kahn zu fahren, ist einfach ein Genuss!

Kalte Gurkensuppe mit gartenfrischem Dill, Leinöl und Lachstatar

Suppe   2–3 Salatgurken | ½ l Sahne | ½ l Milch | 1 weiße Zwiebel | Salz | Pfeffer | Essig | Zucker | Knoblauch | frischer Dill, klein gehackt | 2 EL Leinöl

■ Die gewaschenen Gurken in Stifte reiben. Milch, Sahne und Zwiebelwürfel dazugeben. Mit Salz, Pfeffer, Essig, Zucker und Knoblauch abschmecken und das Leinöl dazugeben.
■ In einem tiefen Teller mit dem Lachstatar anrichten. Mit Dill garnieren.

Lachs beizen   200 g frischer Lachs | 1 Tasse Zucker | ½ Tasse Salz | 4 Zweige Dill und Petersilie | 4 Pfefferkörner | 1 TL Senfkörner

■ Alle Zutaten miteinander vermengen, den Lachs völlig bedecken und mindestens 24 Stunden ziehen lassen.

Lachstatar   Lachs, gebeizt | 1 Schalotte | ½ Bund Dill | Saft von ½ Zitrone

■ Den gebeizten Lachs und die Schalotte würfeln, den Dill hacken. Alles vermengen und mit Zitronensaft abschmecken.

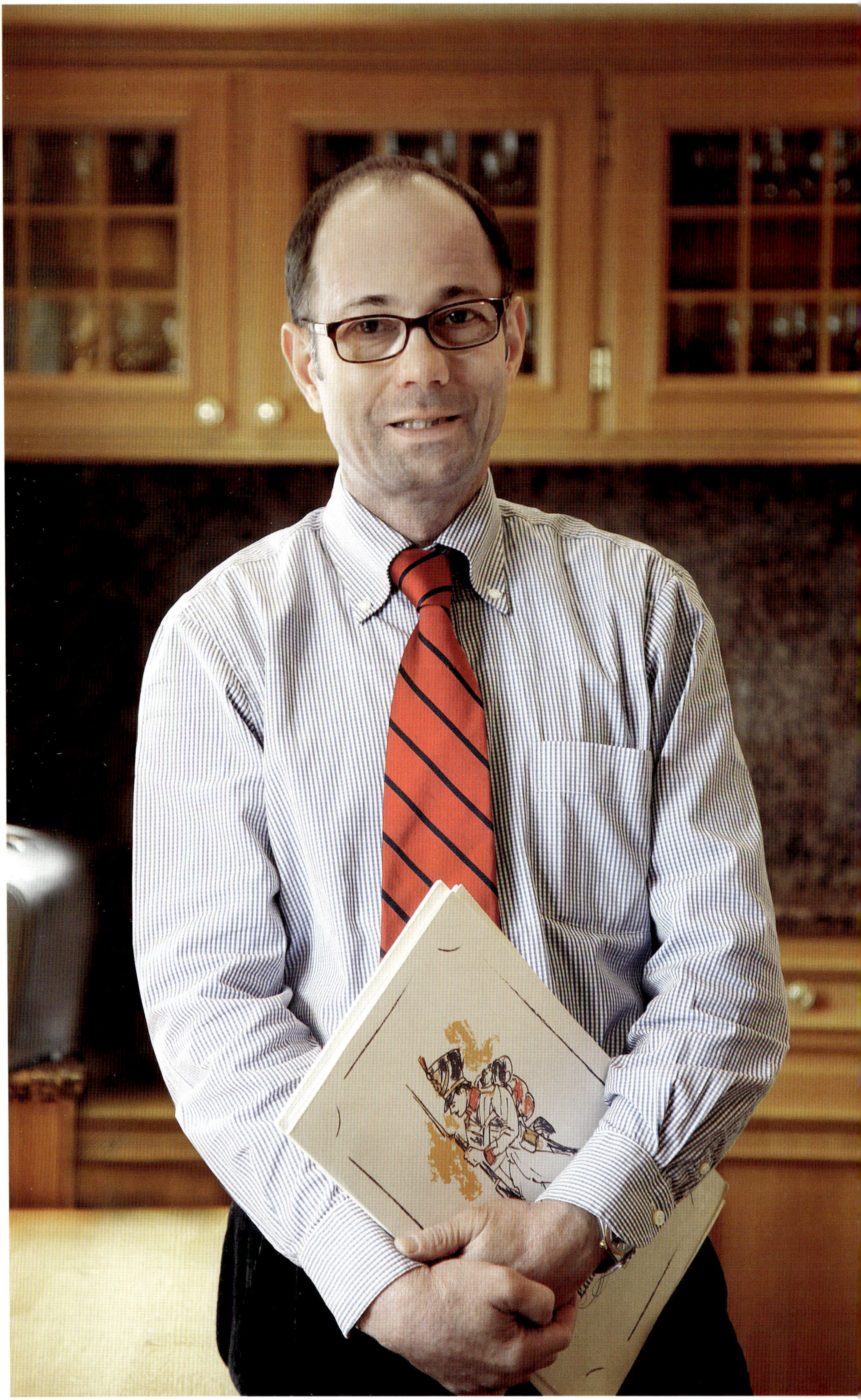

23
Mit dem Bentley zum Bier

Wirt: Roland Hausmann
Braumeister: Gerd Fimpel
Küchenchef: Wilfried Hahn

Brauerei Gasthof Landwehrbräu
Reichelshofen 31
91628 Steinsfeld

Telefon: 09865/98970
Fax: 09865/98989

hotel@landwehr-braeu.de
www.landwehr-braeu.de

Öffnungszeiten
Täglich (kein Ruhetag)
Küche 11.30–14.00 Uhr und
17.30–1.00 Uhr
dazwischen Vesperkarte

Stilgemäß – englisch – nobel. So stilvoll wie die gestreiften Tapeten der Gästezimmer oder die zahlreichen Gemälde an den Wänden des „Landwehr-Bräu"-Hotels. So englisch-nobel wie ein silbergrauer Bentley

Soeben fährt er vor, leise surren seine sechs Zylinder unter der glänzenden Kühlerhaube. Die liebevoll restaurierte Luxuskarosse, Baujahr 1948, entlässt die neu angekommenen Gäste, die man vom Bahnhof abgeholt hat. Im kleinen Weiler Reichelshofen der Gemeinde Steinsfeld wird ländlich gehobene Atmosphäre zelebriert mit dem herzlichen Charme fränkischer Lebensart. Gastgeber Roland Hausmann hatte seine Profession in so vornehmen Häusern wie dem „Hyde Park Hotel" in London und dem „Beau Rivage Palace" zu Lausanne verfeinert. Und diesen Touch Eleganz und Lebensart hat er mitgebracht in die Provinz. Das spürt man, das sieht man.

Schon 1755 wurde hier Bier gebraut und seit 1913 ist das Landwehrbräu mit dem Namen der Familie Wörner verbunden. Wilhelm Wörner, der kürzlich verstorbene Inhaber, musste schon früh ins Brauereigeschäft einsteigen, die Liebe des kunstsinnigen Inhabers galt jedoch mehr dem Gasthof, den er mit viel Aufwand und Geschmack restaurierte und zum stilvollen Landhotel umbaute. Das ursprüngliche Gasthaus hatte einmal äußerst verkehrsgünstig an der Poststraße von Rothenburg ob der Tauber nach Würzburg gelegen – Poststation und Übernachtungsmöglichkeit für die Reisenden, Umspannstation für die ermüdeten Pferde. Doch in neuerer

Der Landwehrsoldat, der Namensgeber der Brauerei, steht steinern Wache auf dem Brunnen.

◀ Roland Hausmann brachte Lebensart und Eleganz ins Hotel.

Zeit war die Akustik vorm Haus nicht mehr durch Hufeklappern geprägt, sondern zu massiver Lärmbelästigung durch vorbeirasenden Autoverkehr angewachsen. Hausmann erinnert sich: „Da wackelten alle Töpfe in der Küche, die Sahne wurde fast von selber steif gerüttelt", lacht er. Doch die neue Autobahn in größerer Entfernung entschärfte den Verkehr und brachte wieder ländliche Ruhe zurück.

Nur ab und zu dröhnen Motoren im Hof, wenn Biker, die hier auch gerne Station machen, in die Galsträume zu den Köstlichkeiten fränkischer Küche strömen. Küchenchef Wilfried Hahn ist sich bewusst, dass er einen Ruf zu verteidigen hat, der viele Gäste zu Freunden seiner Kochkunst und Stammkunden des Hotels gemacht hat. Diese kehren immer wieder gerne in Reichelshofen ein, wenn sie auf dem Weg von oder nach dem Süden das gastliche Anwesen passieren.

„Es ist für uns eine besondere Herausforderung", betont Hausmann, „unsere Gäste meist nur für eine oder zwei Nächte im Haus zu haben." Das Landwehrbräu liegt sozusagen im Niemandsland, zwischen hier und dort. Für Tagesausflüge gibt es in kleiner Entfernung zahlreiche Möglichkeiten, doch fußläufig lässt sich nur wenig unternehmen. „Also müssen wir wuchern mit den Pfunden, die wir besitzen", fährt er fort, „mit fränkischer Gastlichkeit im Hotel, mit unserem Bier und mit unserer Küche."

Der Eingang zum Brauerei-Gasthof

Eine von vier gemütlichen Stuben

    Die Schätze ruhen in den Stahltanks der Brauerei respektive im Kühlhaus des Küchenmeisters. Dieser kreiert aus frischen Produkten anspruchsvolle Gerichte mit regionalem Bezug. Rosa gebratener Lammrücken unter Kräuterkruste konkurriert um die Gunst der Gäste mit „Habelseeer" Lachsforellenfilet und Senfsauce. Es gibt Reichelshöfer Bockbiersuppe mit Malzbrotkrüstle und Lachsforelle mit Biersenfsauce. Aber auch deftigere Genüsse verwöhnen Gaumen und Magen wie Fränkische Bratwürste mit Kraut oder eine schlichte Blutwurstsuppe. Letztere ist vielleicht nicht nach jedermanns Geschmack, aber definitiv ein original fränkisches Schmankerl. Aber Hahn schwelgt nicht nur in Hausmannskost, sondern demonstriert, dass sein kulinarischer Wegweiser auch weiter entfernten Einflüssen zugeneigt ist. Zum Auftakt eines ansonsten fränkischen Menüs aus vorerwähnten Gerichten bestelle ich einen Vorspeisenteller mit Leckerbissen von Lachs und Forelle – hausgebeizt, geräuchert und als Tatar – und genieße mit großer Wonne. Dazu ein feinherbes „Toppler Pils" – was will man mehr? Das abendliche Menü hat einen prima Start hingelegt. Es gibt also eine stattliche Anzahl guter Gründe, im Landwehrbräu einzukehren.

Ausflugstipps
Rothenburg ob der Tauber liegt in unmittelbarer Nähe, ebenso Creglingen mit dem weltberühmten Marienaltar von Tilmann Riemenschneider. Gut erreichbar ist auch Weikersheim mit dem Schloss, einer der schönsten Residenzen der Renaissance, und dem barocken Schlossgarten mit Orangerie. Der Tauberradweg im romantischen Taubertal ist eine der schönsten Radstrecken Deutschlands.

Küchenchef Wilfried Hahn zelebriert edle Kochkunst und fränkische Hausmannskost.

„Habelseeer" Lachsforelle mit Kartoffelplätzchen und Lauchgemüse

4 Lachsforellenfilets à 180 g | Salz | Saft von 1 Zitrone | etwas Mehl | Butter

Kartoffelplätzchen   5 mittelgroße Kartoffeln | 1 EL Kartoffelstärke | 1 Eigelb | Butter oder Butterschmalz

Lauchgemüse   2 Stangen Lauch | etwas Butter | Salz und Pfeffer

Senfsauce   100 ml Fischfond | 50 ml Sahne | 1 EL körniger Senf | Salz | Pfeffer

■ Zuerst die Kartoffelplätzchen zubereiten: Die Kartoffeln kochen und schälen, durchpressen, mit etwas Stärke und dem Eigelb vermischen. Zu Plätzchen formen und goldgelb braten.

■ Für das Lauchgemüse den Lauch waschen und in gleich große Stücke schneiden. Mit etwas Butter andünsten, mit Salz und Pfeffer würzen und etwa 5 Minuten bei kleiner Hitze schmoren.
■ Für die Senfsauce Fischfond und Sahne aufkochen und 5 Minuten köcheln lassen. Den Senf einrühren und je nach Bedarf abschmecken.
■ Zuletzt die Forellenfilets salzen und mit Zitronensaft beträufeln. In Mehl wenden, das überschüssige Mehl abschütteln und die Filets knapp 5 Minuten von beiden Seiten anbraten.

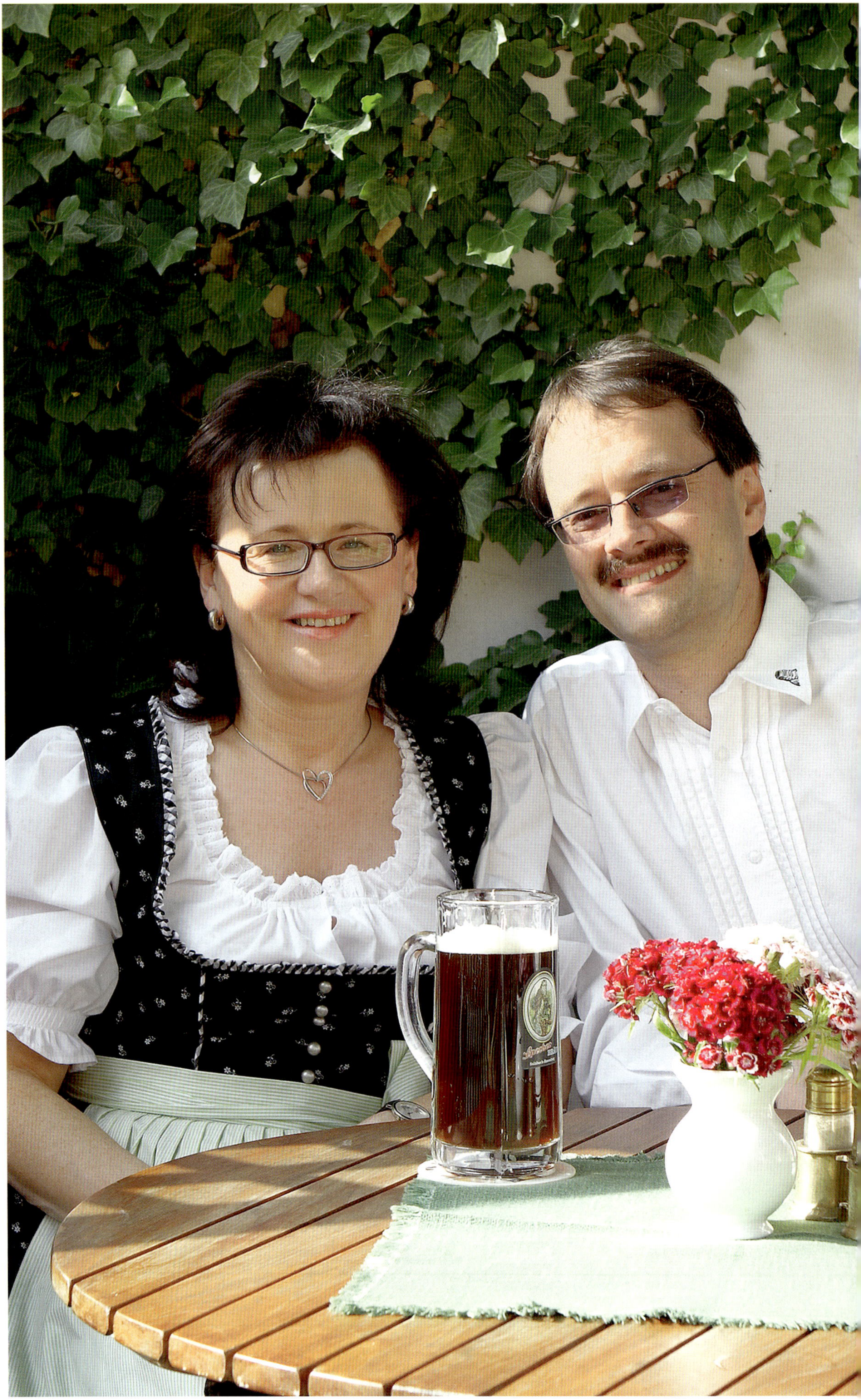

24
Schlemmereien aus der Kochbuchsammlung

Brauereigasthof
Sperber-Bräu
Rosenberger Straße 14
92237 Sulzbach-Rosenberg

Telefon: 09661/8709-0
Fax: 09661/8709-77
info@sperberbraeu.de
www.sperberbraeu.de

Öffnungszeiten
Täglich 09.00–23.00 Uhr
Warme Küche 11.00–14.00 Uhr
und 17.30–22.00 Uhr

Braumeister: Christian Sperber
Wirtin: Hermine Sperber
Küchenchef: Peter Schäfer

Mitten in Sulzbachs Altstadt beherbergt ein schmuckes Haus in seinen Mauern eine einladende Gastwirtschaft und höchst liebevoll ausgestaltete Gästezimmer. Sperber-Bräu und Sperber-Küche ergänzen sich prächtig.

Fliegen war sein Traum. Der junge Christian hatte eigentlich Flugzeugbau studieren wollen oder Elektrotechnik. Aber nicht das Brauen. Doch es hieß: „Mach doch mal die Brauerlehre, das hat auch dein Vater gelernt." Die Faszination am Brauberuf hatte den jungen Bayern jedoch bald infiziert. Bier zu brauen, das war ihm nicht fremd, dieses Thema war mit der Geschichte der Familie schon seit 1894 verwoben. „Ich entdeckte schon im ersten Jahr meiner Ausbildung den Reiz dieses Handwerks", erinnert er sich, „es hat mir dann sogar richtig Spaß gemacht." Im Brauhaus Amberg machte er seine Lehre, doch schon bald wurde es ernst. Kaum 22 Jahre alt geworden, musste er in den elterlichen Betrieb einsteigen, der Vater war früh verstorben. Seine Schwester war eigentlich dafür vorgesehen, doch sie winkte ab. Also musste Christian ran – und zeichnet seit damals verantwortlich für die „Sperber"-Biere.

Nun ist das „Sperber-Bräu" nicht nur bekannt für seine vielfach ausgezeichneten Biere, sondern auch für bayerische Gastlichkeit. Hermine Sperber heißt den Gast willkommen und sorgt mit fröhlicher Herzlichkeit dafür, dass er sich in Kürze hier pudelwohl fühlt. Die charmante Gastgeberin und Christian hatten 1987 ge-

◀ **Bier und Hopfen bestimmen das Leben der Sperbers. Daran orientiert sich auch die Dekoration.**

Pils – mit Schaum und Charme serviert

heiratet und gemeinsam die Ärmel hochgekrempelt. Denn es gab damals viel zu tun: Der Gasthof hatte dringend eine Renovierung nötig, die weit über ein Facelifting hinaus ging. Zurückblickend meint sie: „Wenn wir gewusst hätten, was da auf uns zukommt, hätten wir es vielleicht gar nicht erst angepackt." Das junge Ehepaar hatte 1996 von Christians Mutter den gesamten Betrieb überschrieben bekommen und ein Jahr später startete man das Unternehmen. „Ich wollte einfach nicht in einem sanierungsbedürftigen Haus arbeiten und leben", erklärt seine Frau. „So haben wir den Umbau durchgezogen und die Mühe hat sich gelohnt." Stolz führt sie durch die geschmackvoll ausgestalteten Gästezimmer in den oberen Geschossen und weist im Gastraum auf die vielen Stücke hin, die aus der Brauerei stammend hier nun dekorativ die Räumlichkeiten schmücken. Selbst die Schankanlage war einst ein „Verschneidbock" gewesen und hatte dazu gedient, Biere aus verschiedenen Lagerfässern zu „verschneiden", also zu mischen. Heute steht Julia im grünen Dirndl am Tresen und zapft ein „Sperber"-Bier. Die junge Frau ist eine aus Hermines Team, das sie umsichtig und tatkräftig im Gasthof unterstützt. „Wir arbeiten hier alle prima zusammen und machen auch mal ein Späßchen", lacht sie.

Aber ohne ihren Peter, da sind sich die Wirtsleute einig, hätte das Sperber-Bräu nicht das zu bieten, was bayerische Gastlichkeit ausmacht – eine gute und herzhafte Küche. „Der Peter steht voll hinter uns", meint die Wirtin, „er ist jetzt schon zwölf Jahr bei uns und hat erst eine Woche krankheitshalber gefehlt." Und dabei ist der Beruf als Koch wahrhaftig kein leichter: Wenn die Freunde Feierabend machen, steht man in der heißen Küche und bekocht sie. Doch Peter Schäfer hat damit kein Problem, das Kochen liegt ihm im Blut. Und die Inspiration für seine Gerichte holt er sich beim Stöbern in seiner nach eigenen Angaben größten Kochbuchsammlung Sulzbachs. Dankenswerterweise setzt er Gedrucktes in so schmackhafter Form in Gekochtes und Gebratenes um, dass allein die „Sperber"-Küche schon Anlass genug ist für einen kulinarisch höchst ersprießlichen Abend. Auch die themengebundenen Schlemmerwochen ziehen immer wieder zahlreiche Gäste an seine Tische. Ob „Andalusien" oder „Fischwochen", der Appetit auf Schäfers Kost ist seit Jahren ungebrochen. Und es fließt Bier aus den Hähnen, die Helles, Pils, „Zoigl-Bier" und viele andere Sorten spenden. Denn nicht nur Wein passt zu einem guten Essen, betont Brauchef Sperber. „Und dass Bier dick macht, ist ein Ammenmärchen", erklärt er, „schon Apfelsaft bringt bei gleicher Menge deutlich mehr Kilokalorien auf die Waage, Wein oder Prosecco gar das Doppelte."

Ausflugstipps

Erstes Ziel für einen Ausflug ist die Erz-, Eisen- und Herzogstadt Sulzbach-Rosenberg selbst, in der man noch zahlreiche Spuren des kulturellen Wirkens der Sulzbacher Pfalzgrafen findet. Am besten ist es, die ehemalige Hauptstadt Neuböhmens bei einer Stadtführung kennenzulernen, das Schloss zu besichtigen oder das Stadtmuseum zu besuchen. Außerdem gibt es abwechslungsreiche Rundwanderungen auf Teilen des Erzwegs, den man aber auch von Amberg kommend in einer Tageswanderung bis ins Sperber-Bräu begehen kann (21 km).

Heimelige Atmosphäre in der Wirtsstube oder unter den Stuckdecken der Gästezimmer

Kalbsfilet mit Süßkartoffeln und Sprossensalat

Tipp des Küchenchefs: „Braumalz ist in unserer Küche seit Langem ein fester Bestandteil vieler Gerichte. Ich schätze das intensive Aroma gleich nach dem Rösten in einer trockenen Pfanne. So verleihen die delikaten Körner den Speisen eine besondere Note. Zum Panieren eignen sie sich nicht so gut, da sie beim Braten oft hart werden. Daher werden die gerösteten Körner zu feinem Pulver zermahlen. Vermischt mit exotischen Gewürzen entsteht dann ein überraschendes Gericht."

Kalbsfilet   600 g Kalbsfilet (Mittelstück) | Salz | tasmanischer Bergpfeffer* | 100 g Semmelbrösel | 100 g Braumalz, geröstet und gemahlen | 2 TL Tandoorigewürzpulver* | 3 EL Mehl | 3 verquirlte Eier | 3 El Butterschmalz | 200 ml Kalbsjus

■ Das Kalbsfilet in 12 Scheiben schneiden und mit Salz und dem Bergpfeffer würzen. Semmelbrösel, Malzmehl und Tandoorigewürz miteinander mischen. Die Filetscheiben in Mehl wenden, durch das verquirlte Ei ziehen und in der Gewürzpanade wälzen, diese dabei fest andrücken. Butterschmalz in einer Pfanne erhitzen, Filets zunächst scharf anbraten, dann die Hitze reduzieren und das Fleisch fertigbraten.
■ Kalbsjus erhitzen, auf 4 Teller einen Saucenspiegel gießen und je 3 Filetscheiben darauf platzieren.

Süßkartoffelragout   1 rote Chilischote, entkernt und in Streifen geschnitten | 40 g Ingwer, geschält und fein gehackt | 2 Knoblauchzehen, geschält und fein gehackt | 2 Schalotten geschält und fein geschnitten | 1 TL Koriandersaat | 2 EL Erdnussöl | 400 g Süßkartoffeln, geschält und in Würfel geschnitten | 200 ml Gemüsebrühe | Salz | schwarzer Pfeffer | 2 EL Koriandergrün, fein gehackt

■ Die Gewürze im Erdnussöl in einer Pfanne kurz anbraten. Die Kartoffeln zugeben, kurz mitbraten. Die Gemüsebrühe angießen und die Kartoffeln weich kochen. Mit Salz und Pfeffer abschmecken.
■ Das Ragout neben dem Kalbsfilet anrichten.

*In Feinkostläden und Asia-Shops erhältlich.

Sprossensalat 4 große Lollo-Rosso-Blätter als Unterlage | 200 g Sojasprossen | 50 g Rote-Betesprossen | 50 g Erbsenspargelsprossen | 100 g rote Paprikastreifen | 3 EL Erdnussöl | 100 g Wasserkastanien, in Scheiben geschnitten

Vinaigrette 3 EL Sesamöl | 2 EL heller Reisessig | Salz | Pfeffer | brauner Zucker | 1 TL Koriandersaat | 1 EL Limettensaft | 1 rote Zwiebel, geschält und fein geschnitten | 2 EL süße Chilisauce | 1 EL gehackte Petersilie

■ Die Salatblätter waschen und abgetropft auf 4 kleine Salatteller legen. Die Sprossen und Paprikastreifen in Erdnussöl scharf anbraten. Wasserkastanien zugeben, kurz umrühren und die Sprossenmischung in eine Schüssel geben.
■ Die Zutaten für die Vinaigrette miteinander verrühren und unter die noch warme Sprossenmischung geben. Erkalten lassen und auf den Salatblättern anrichten.

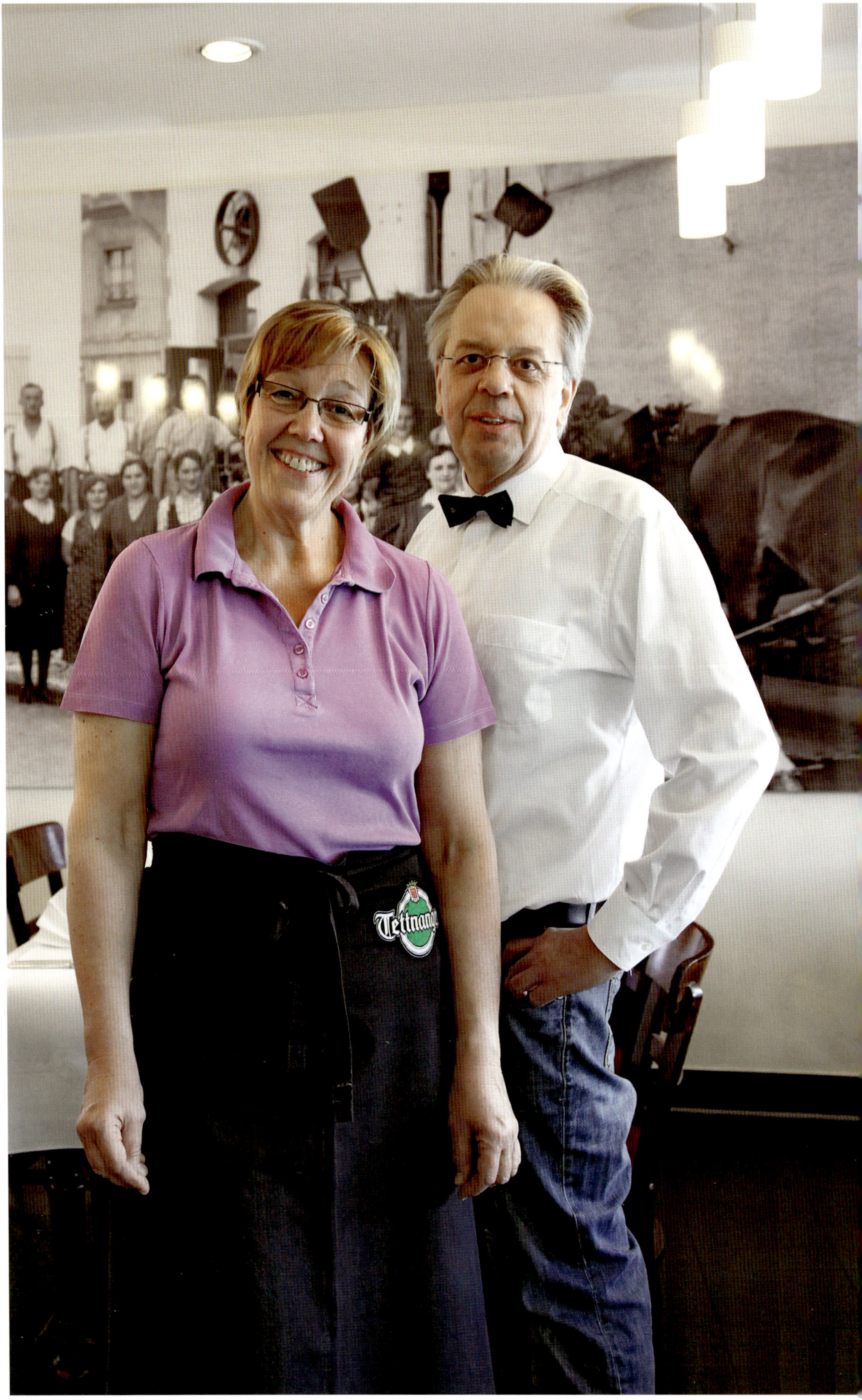

25
Der fünfte Rohstoff

Brauerei und Gasthof zur Krone
Bärenplatz 7
88069 Tettnang

Telefon: 07542/7452
Fax: 07542/6972
info@krone-tettnang.de
www.krone-tettnang.de

Öffnungszeiten
Dienstag–Sonntag 10.00–14.00 Uhr und 17.00–24.00 Uhr
Montag Ruhetag

Küche: Margret Tauscher
Wirtsleute: Fritz sen. und Margret Tauscher
Braumeister: Fritz Tauscher jun.

Was der anspruchsvolle Koch liebt, sind frische Kräuter als Würzmittel zur natürlichen Geschmacksverfeinerung seiner kulinarischen Erzeugnisse. Was des Brauers Seele erfreut, ist der Hopfen.

Für ihn ist der Hopfen der eigentliche Würzstoff. Gerste und Weizen geben dem Bier in variantenreicher Weise ihre malzig-würzige Note, der Hopfen jedoch brilliert bei über einhundert Sorten mit einer Geschmacksvielfalt, die weit über Bitterstoffe hinausgeht und bis hin zu Zitrusnoten oder gar exotischen Früchten reichen kann. Die ganzen und unbearbeiteten Dolden bieten Gewähr, dass all diese Aromastoffe ohne Beigabe von Extrakten in den bierigen Sud gelangen. Hopfenpellets können da schlichtweg nicht mithalten.

Synonym für Hopfen ist die Bodenseeregion um Tettnang. Hier schlingen sich Millionen von Pflanzen um Stangen und weit gespannte Drähte. Der Standortvorteil ist Frischegarantie und wird auch in Tettnangs „Kronenbrauerei" bewusst zur Bierherstellung genutzt. „Deswegen geben wir die ganze Dolde hinein", erklärt Fritz Tauscher junior, „wir sitzen ja an der Quelle und so erhalte ich das volle Aroma des Hopfens." Der junge Braumeister steht in der Tradition vieler Generationen von Tauschers, die hier, vor dem Tettnanger Stadttor, seit 1847 Bier brauen. Auch er hatte die Brauereischlüssel vom Vater übernommen, der sich mit seiner Frau nun vornehmlich um das Wohl der Gäste in der Wirtschaft kümmert.

Sieben Meter unter Straßenniveau, in den Gewölben des „Kronenkellers", ist es merklich kühler als draußen vor dem Gasthof, wo eine frühsommerliche Sonne schon ansehnliche Hitzegrade verbreitet. Der Braumeister öffnet einen Hahn und lässt noch ganz

An der Eingangstür grüßt das Brauerwappen.

◀ **Margret und Fritz Tauscher senior**

Die Tafel in der Montfortstube ist für ein festliches Menü vorbereitet.

Braumeister Fritz Tauscher junior bei der Hopfenbonitierung und bei der Zwickelprobe im Lagerkeller

jungfräuliches Bier ins Glas laufen. Prüfend hält er es gegen das Licht und nimmt dann eine tiefe Prise Bieraroma zur Nase. „Das Labor ist meine Nase", lacht er. Ein Schluck vom noch unfertigen Gebräu lässt aber schon eine erste Qualitätsbestimmung zu und beendet diese Braukontrolle. „Das schmeckt jetzt noch etwas lahm", erklärt er, „weil die Kohlensäure noch nicht richtig eingebunden ist." Dies erfolgt erst durch längere Lagerung, wenn das „Kronenbier" sechs bis acht Wochen im Tank ruhen darf. „Wir gönnen unserem Bier den Luxus, mit ausreichend Zeit zu reifen." Die hat auch das naturtrübe Kellerpils, das 1993 als erstes Bio-Bier vom Bodensee angestochen wurde. Der Tettnanger legt wie viele der privaten Brauer großen Wert auf handwerkliche Arbeit. Und dazu gehört auch Zeit. Viel Zeit. „Wir haben ja die vier Rohstoffe: Malz, Hopfen, Wasser und Hefe. Bei uns kommt noch der fünfte Rohstoff dazu, das ist die Zeit", betont er. Schnelle Biere, schnelles Geld ist dagegen die Devise vieler Großbrauereien. In nur zwei Wochen ist das Getränk fertig und wird auf den Markt geworfen. Nicht so in der „Krone". „Die lange Lagerzeit bindet zwar Kapital", meint Tauscher, „aber das ist es uns wert. Unsere Kunden danken es uns."

Genussvolle Betriebsamkeit in der altschwäbischen Bierstube bestätigt seine Worte. Fritz Tauscher senior steht am Tresen und zapft ein Bier nach dem anderen. Die Gaststube ist bestens gefüllt, herzhafte Speisen werden zu Tisch getragen. Margret Tauscher steht am Herd und produziert mit ihrem Team die Gerichte, die man noch von der Großmutter her kennt. Damit rechnen auch die vielen Stammgäste, deren Bestellmodus in der Küche bekannt ist. „Wenn auf dem Bon dies oder jenes umbestellt ist, dann weiß meine Frau schon, wer da draußen am Tisch sitzt", lacht der Gastwirt. Innereien sind Tauscher-Spezialitäten. Kutteln gibts sauer oder geröstet – und immer am Anfang der Woche. Mit oder ohne Ei. Nierle und Leber gehören selbstredend zum kulinarischen Programm. „Die Leut wissen, bei uns gibts das Essen noch, wie sichs gehört", erzählt er. „Das Problem mit schwäbischer Küche ist doch, dass Viele meinen, Innereien seien was Billiges. Und sie verschmähen sie deshalb." Wenn die wüssten, welche Genüsse ihnen da entgehen!

Außer den Hopfensprossen sprießt in Tettnang auch der Spargel – ein Gedicht, vor allem wenn er mit einer weiteren regionalen Spezialität , einem Bodenseefelchen, auf den Tisch kommt.

Ausflugstipps

In der Hopfenregion sind der Hopfenwanderpfad und das Hopfenmuseum schon fast eine Pflichtübung. In etwa einer halben Stunde ist man mit dem Auto in Friedrichshafen mit dem Zeppelinmuseum und dem imposanten Luft- und Raumfahrt- und Dorniermuseum. Schön ist auch ein Ausflug ins nahe Langenargen und – nur unwesentlich weiter – nach Lindau, der einzigen Stadt im (und nicht am) Bodensee.

Spargel nach Fischers Fritz

4 Bodenseefelchen, filetiert und ohne Haut | Salz | Pfeffer | Saft von 1 Zitrone | 100 g Butter | 16–20 Stangen weißer Spargel | 1–2 Würfel Zucker | 4 Zitronenachtel | 4 Zitronenscheiben | 2 EL gehackte Petersilie

■ Die Felchenfilets mit Salz, Pfeffer und Zitronensaft würzen. Die Spargel in Salzwasser mit Zucker und den Zitronenachteln bissfest (je nach persönlicher Vorliebe) garen.
■ Die Felchenfilets in ca. 30 g Butter von beiden Seiten goldgelb anbraten und warm stellen. Die restliche Butter in die Pfanne geben und bräunen, die Zitronenscheiben und Petersilie dazugeben, kurz ziehen lassen und dann die Felchen damit übergießen.
■ Mit den Spargeln servieren und Salzkartoffeln dazu reichen.
■ Fritz Tauscher trinkt dazu gerne sein „See-Weizen", seine Frau bevorzugt einen fruchtigen Weißherbst vom Bodensee.

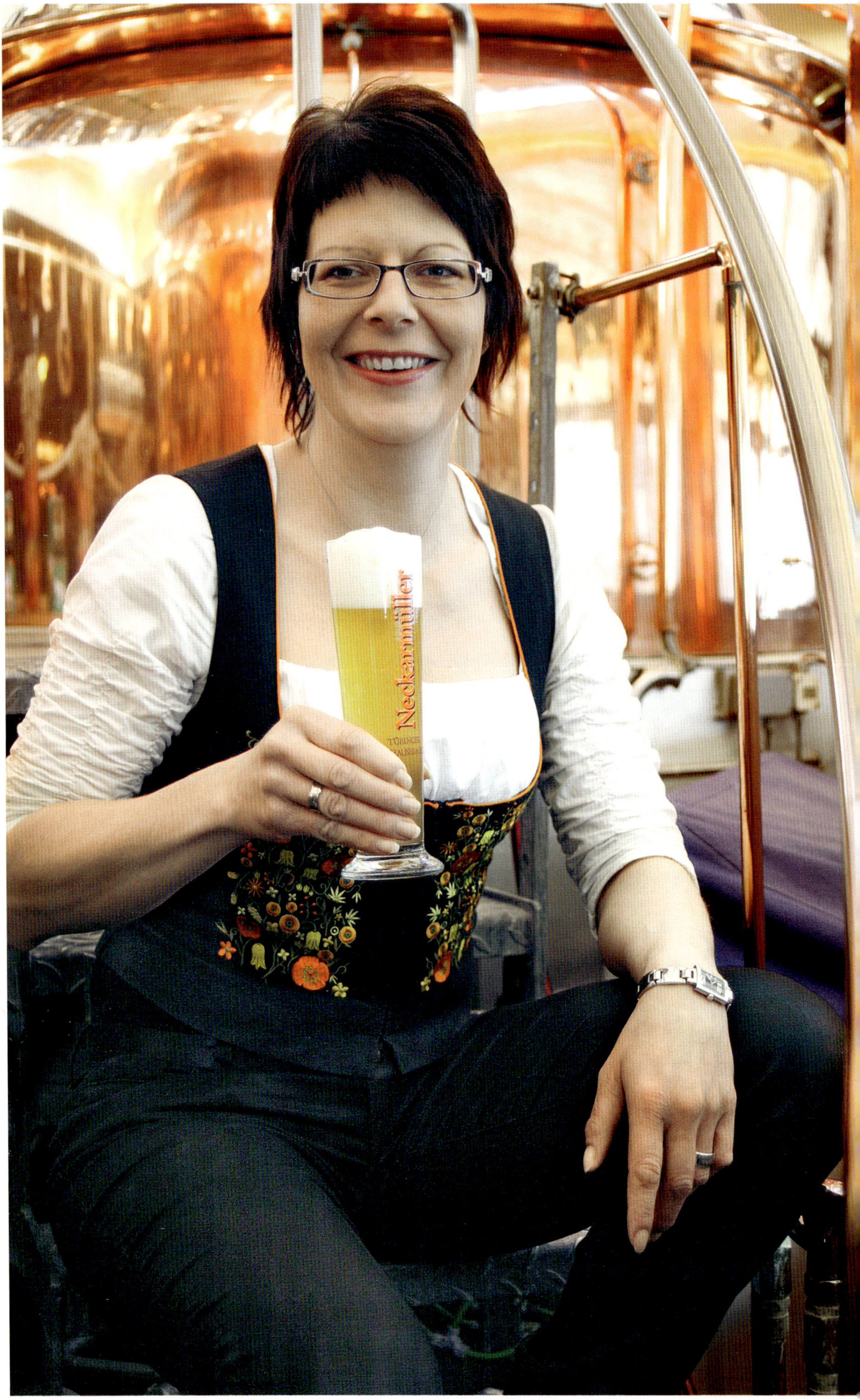
Neckarmüller

26
Schwäbisch genießen am Fluss

Inhaber: Familie Fischer
Wirtin: Petra Ott-Fischer
Braumeister und Produktionsleiter: Jörg Ruf

Gasthausbrauerei Neckarmüller
Gartenstraße 4
72074 Tübingen

Telefon: 07071/27848
Fax: 07071/27620
info@neckarmueller.de
www.neckarmueller.de

Öffnungszeiten
Täglich 10.00–01.00 Uhr
Durchgehend warme Küche
Montag–Samstag 11.30–23.00 Uhr
Sonntag 11.30–22.00 Uhr

Sonnenlicht flimmert durch die Blätter riesiger alter Kastanienbäume, Biergläser klingen aneinander, der würzige Duft von Brauhausgerichten liegt in der Luft. Und auf dem Wasser ziehen in langen Flachbooten, Stocherkähne genannt, heitere Gesellschaften den Neckar hinunter.

Wohlgefüllte Teller mit Wurstsalat und großen Bierbrezeln, saftige Bratenstücke werden zu Tisch gebracht. Willkommen in Tübingen, willkommen in „Neckarmüllers" Biergarten! Hier sitzen Sie in der ersten Reihe. Mit bestem Blick auf den Fluss und die gegenüberliegenden Häuserfassaden der alten Universitätsstadt. In die Stocherkähne zogen einst die Fischer aus dem Neckar ihren Fang, doch schon seit langer Zeit gehören diese Boote zur studentischen Kultur Tübingens. Das jährliche Stocherkahnrennen zählt zu den Höhepunkten des universitären Sommersemesters und im Neckarmüller befinden sich die Logenplätze fürs nassfröhliche Spektakel.

„Neckarmüller" und Studenten – das gehörte lange Zeit zusammen. Studentische Verbindungen der verschiedenen Farben pflegten an der Neckarbrücke schon vor 100 Jahren ihre lärmenden Stammtischrunden mit Kegeln, Kartenspielen und wohlgefüllten Bierkrügen. Dabei war das Haus ursprünglich einem weit gesitteterem Zwecke gewidmet gewesen. Die adlige „Jungfer Julie von May" hatte 1811 das Grundstück erworben und ein „Fräuleinpensionat" darauf erbaut. Viel Erfolg war ihrem wohlmeinenden Projekt allerdings nicht beschieden und so musste die Jungfer wieder verkaufen – an den Zimmermann Michael Müller. Dessen Sohn

Der Sudkessel – Herzstück der Gausthausbrauerei

◀ **Petra Ott-Fischer ist Gastgeberin aus Leidenschaft.**

Genießen am Neckar – ein Sommernachtstraum in Tübingen

richtete in dem Haus am Neckar eine sogenannte Schildwirtschaft ein – durfte damit Gäste beherbergen und bewirten – und ward alsbald als der „Neckarmüller" bekannt. Eine Mühle war das Gasthaus nie gewesen. Herberge und Speiselokal, Treff für Studenten und Ort fröhlicher Tanzveranstaltungen – die Adresse war beliebt bei Einheimischen wie auch bei durchreisenden Touristen. Doch leider wurde das Haus mit den Jahren heruntergewirtschaftet und 1971 schließlich abgerissen. Es dauerte geraume Zeit, bis an dieser Stelle die Töpfe wieder dampften. Brauhausbesitzer Heinrich Fischer aus dem benachbarten Mössingen konnte 1989 das Grundstück erwerben und neu bauen. 1992 war es schließlich soweit: Der „Neckarmüller" öffnete wieder seine Türen zu Biergenüssen mit schwäbischer Kost in teils moderner, teils urig-rustikaler Gestaltung. Weit über Tübingens Stadtgrenzen hinaus ist die Gasthausbrauerei bekannt und erste Adresse für ein lauschiges Verweilen bei herzhaften Gerichten, hausgebrautem Bier und herrlicher Aussicht auf den Fluss. Die rührige Person hinter dem Ganzen ist Petra Ott-Fischer, die von Anfang an mit viel Herzblut die Geschicke des Hauses gestaltet hat. Die älteste Tochter des Brauereibesitzers umsorgt heute mit schwäbischer Herzlichkeit die Einkehrer und ist immer irgendwo zwischen Theke, Büro oder am Tisch der Gäste zu finden. „Uns besucht ein ganz gemischtes Publikum", erzählt die sympathische Wirtin, „da wir von morgens bis abends geöffnet und warme Küche haben, finden Sie alle Altersklassen bei uns, aber eine Studentenkneipe sind wir nicht mehr." Als Erste werden Rentner gesichtet, die schon vorm Mittagsläuten Hunger verspüren. Sie lassen sich ebenso gern an den großen Panoramafenstern nieder wie gegen später die Studenten, die aus dem Hörsaal geflüchtet sind. Geschäftsleute kommen nach Büroschluss ins Haus und je weiter der Abend voranschreitet, umso jünger werden auch die Gäste. Im „Neckarmüller" ist immer Betrieb, die Küche schickt Rehragout mit Spätzle, Kalbsrahmbraten und Zanderfilet hinaus. Die Köstlichkeiten reichen von Linsen mit Saiten und Spätzle über Alblammragout bis zum Ofenschlupfer. Hier wird jeder satt und die „Neckarmüller" Weiße frisch gezapft, hell oder dunkel und immer naturtrüb. Von der rustikalen Brauerstube aus hat man den besten Blick, wenn in den zwei hochglänzenden Kupferkesseln das Weißbier gebraut wird. Drei- bis viermal pro Woche kommt ein Brauer des familieneigenen Brauhauses aus Mössingen und setzt einen neuen Sud an. Ist Ruhe im Kessel, werden Aktionsbiere mit speziellem Charakter eingebraut. Steht aber Maibock auf dem Programm, ist eines klar: Die Saison ist eröffnet und der Biergarten wartet.

Unsere folgenden Rezepte entstanden zu den Tübinger Bierwochen im Jahr 2011.

In der Brauerstube

Ausflugstipps

Mit dem Ruder- oder Tretboot auf dem Neckar zu schippern, ist ein Erlebnis, das Nonplusultra aber ist eine Stocherkahnfahrt, die man z. B. beim Bürger- und Verkehrsverein buchen kann, um dann am „Neckarmüller"-Biergarten anzulegen. Die alte Universitätsstadt Tübingen bietet Plätze, Häuser und Winkel, die erkundet werden wollen. Wer wandern will, findet im Schönbuch und auf der Schwäbischen Alb eine Fülle von Möglichkeiten. Für das hervorragend erhaltene, nahe gelegene Zisterzienserkloster und das Jagdschloss Bebenhausen sollte man mindestens einen halben Tag einplanen.

Hopfen und Malz, Gott erhalt's.

Rehragout in feiner Bierwhisky-Rahmsauce mit hausgemachten Spätzle

Rehragout   750 g Rehschulter | 2 mittelgroße Zwiebeln | 2–3 EL Bratöl | 65 g Tomatenmark | 300 ml kräftiger Rotwein | 25 ml Sahne | 5 g Wildgewürz | 1 Nelke | 4 Pfefferkörner | 8 g Piment | 2 Wacholderbeeren | 1 Lorbeerblatt | 1 Zimtstange | 4 cl Bierwhisky

Spätzle   400 g Mehl | 8 Eier | 1 Prise Salz | Muskat | etwas Öl und Butter

■ Das Rehfleisch von den Sehnen befreien und in 3 bis 4 cm große Würfel schneiden. Zwiebeln schälen und in 2 cm große Würfel schneiden. Das Rehfleisch in einem Topf bei mittlerer Hitze im Öl von allen Seiten anbraten. Die Zwiebeln mit dem Tomatenmark hineinrühren, etwas mitschwitzen lassen, mit einem Drittel des Rotweins ablöschen und die Flüssigkeit sämig einköcheln lassen.
■ Den übrigen Rotwein und die Sahne hinzufügen und 1 Stunde bei milder Hitze knapp unter dem Siedepunkt schmoren. Nun die Gewürze dazugeben. Anschließend ca. ½ Stunde weiterschmoren lassen, bis das Fleisch weich ist. Die geschmorten Fleischstücke aus dem Topf nehmen.
■ Die Sauce durch ein Sieb passieren und je nach Konsistenz noch etwas einkochen. Den Bierwhisky dazugießen und noch kurz mitköcheln lassen. Das Fleisch wieder dazugeben und in der Sauce erwärmen.
■ Während das Ragout kocht, bereitet man die Spätzle vor: Für einfache Spätzle das Mehl mit den Eiern, Salz und etwas Muskat in eine Schüssel geben und mit einem Kochlöffel oder in einer Küchenmaschine rühren, bis der Teig Blasen wirft, d. h. bis sich der Eiweißkleber, ein wichtiger Bestandteil von Weizenmehl, entwickelt hat. Den Teig durch die Spätzlepresse (oder einen Spätzlehobel) in einen Topf mit siedendem, leicht gesalzenem Wasser drücken. Es entstehen dabei lange Spätzle, da der Teig relativ fest ist. Sie bleiben im Wasser, bis es einmal aufkocht, und werden dann mit einer Schaumkelle herausgenommen, auf einem Backblech

verteilt, mit etwas Öl vermischt und aufbewahrt. Auf diese Weise wird nach und nach der gesamte Teig verarbeitet. Die Spätzle werden in etwas Butter erhitzt und gegebenenfalls noch mit etwas Salz und einem Hauch frisch geriebener Muskatnuss verfeinert.

Weißbier-Ofenschlupfer mit Vanillesauce

Ofenschlupfer   4 altbackene Brötchen | 125 ml Milch | 3 Äpfel | 250 ml Sahne | 60 ml Weißbier | 25 g Butter | 125 g Zucker | 3 Eier

Vanillesauce   4 Eigelb | 200 ml Sahne | 100 ml Milch | 125 g Zucker | 1 Vanillestange

■ Für den Ofenschlupfer die Brötchen in Scheiben schneiden und in 125 ml lauwarmer Milch einweichen. Die Äpfel schälen, entkernen und in Spalten schneiden. Beides in eine gefettete Auflaufform schichten. 250 ml Sahne und 60 ml Weißbier mit den Eiern und dem Zucker schaumig verquirlen und über die Masse gießen. Im vorgeheizten Ofen bei 180 °C ca. 45 Minuten backen.
■ Für die Vanillesauce die Milch und die Sahne in einem Topf mit 2 EL Zucker und der aufgeschlitzten Vanillestange verrühren. Die Mischung bis zum Siedepunkt erhitzen, vom Herd nehmen und einige Minuten leicht abkühlen lassen.
■ In einer großen Rührschüssel die Eigelbe mit dem restlichen Zucker hellgelb und cremig schlagen. Die Vanillestange aus der Milch nehmen, anschließend die heiße Milch schöpflöffelweise unter ständigem Rühren in die Eigelbmasse geben. Jeweils gründlich unterschlagen, bevor man den nächsten Schöpflöffel zugibt.
■ Die Eiermilch zurück in den Topf füllen und ganz behutsam erhitzen. Dabei ständig umrühren, bis die Mischung nach einigen Minuten eindickt und seidig glänzt. Sie sollte am Ende den Rücken eines Löffels überziehen.
■ Nun den Topf sofort vom Herd nehmen. Wenn die Creme zu lang oder zu stark erhitzt wird, könnte sie gerinnen. In diesem Fall die Creme in eine saubere Schüssel umfüllen und etwas abkühlen lassen. Dann durch ein Sieb in eine Schüssel seihen.

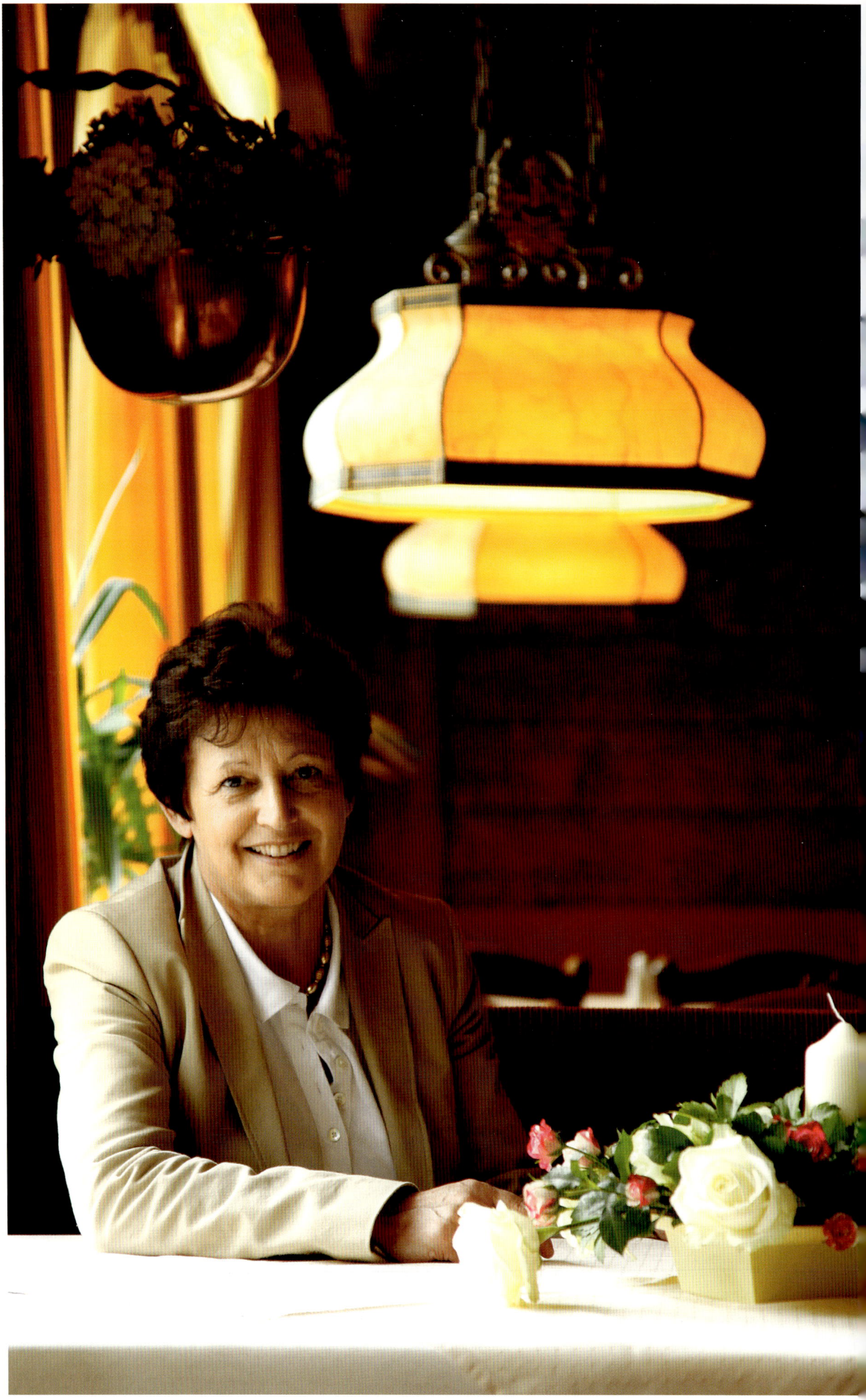

27
Treber für die Hirsche

Wirte: Andrea und Eugen Münch
Braumeister: Eugen Münch
Koch: Rudi Wilkens

Bräu im Moos
Bräu im Moos 1
84577 Tüßling

Telefon: 08633/1041
Fax: 08633/7941
braeuimmoos@t-online.de
www.braeuimmoos.de

Öffnungszeiten
Dienstag–Sonntag 8.00–23.00 Uhr
Montag Ruhetag

Am Sonntag geht man zum „Bräu im Moos" zum Essen. Das ist so hier in der Gegend. Das gastliche Haus ist weithin bekannt, man pilgert hier nicht nur ins benachbarte Altötting, sondern auch zu Münchs, die in der abgeschiedenen Ruhe des Mörnbachtals bayerische Schmankerl und hausgebrautes Bier servieren.

„Zu uns kommen die Leute zum Essen und zum Biertrinken in den gemütlichen Gasträumen oder unter Kastanien im Biergarten", lacht die charmante Wirtin. Das köstliche Gebräu genießt hier besten Ruf und häufigen Zuspruch. Genuss ist jedenfalls garantiert, wenn mit feiner Hopfennote ein kühles Edel-Pils oder das Dunkel malzwürzig die Kehle hinunterrinnt. Deren kulinarische Begleiter in Gestalt von Tafelspitz & Co erfahren ihre geschmackliche Vollendung im Reich von Küchenchef Rudi Wilkens, der schon seit 16 Jahren in der „Bräu"-Küche am Herd steht. Schon am Morgen ist die Gastgeberin in der Küche zu finden, testet Kartoffel-, Kraut- und Gurkensalat, schmeckt Rahm-, Sauerbraten- und Hirschsauce ab.

„Die Saucen werden bei uns immer frisch mit Fonds angesetzt und wenn ich das alles vorher probiert habe, ist das Risiko viel kleiner, dass später etwas schief geht", meint sie. Ihr Gaumen ist durch langjährige Praxis geschult, ihre Fachkenntnisse hat sie durch Hotelfachschule und Kochausbildung erlernt. Dabei hatte die umtriebige Bayerin ihre Zunge ursprünglich völlig anders geschult: Fremdsprachen waren jahrelang Andrea Münchs Kommunikationsmittel im multilingualen Berufsalltag, auf vielen Reisen

Er rückt dem Treber mit Appetit zu Leibe.

◀ **Sie kümmert sich um die Gäste: Andrea Münch, versiert in fremden Sprachen und heimischer Küche.**

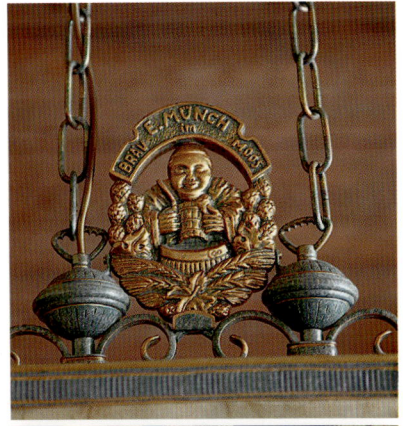

Impressionen aus der Gaststube

einer Kongressagentur. Heute teilt sich das Ehepaar die Verantwortlichkeiten in Brauerei und Brauereigasthof, doch die Grenzen sind fließend, man schaut halt, dass es überall gut läuft. Die Gastgeberin kümmert sich um die Gäste, der Braumeister ums Bier.

Nun fällt beim Brauprozess eine gehörige Menge Treber (die ausgelaugten Rückstände des Malzes) an, die meist als Viehfutter sinnvolle Resteverwertung findet. Doch vor 25 Jahren hatten die Bauern der Gegend nicht mehr so viel Vieh im Stall stehen, da durch eine EU-Regelung die Milchproduktion kontingentiert worden war. Also, was tun? Da kam Eugen Münch eine Idee: Er umzäunte das benachbarte Waldstück und setzte ein Rudel Damwild ins Gehege. Die Tiere sollten sich am Treber gütlich tun und somit für seine natürliche Vernichtung sorgen. Doch Münch hatte die Rechnung ohne sie gemacht: Sie fraßen einfach nicht die Mengen, die in der Brauerei anfielen. Also wechselte er zu Rotwild, das heute mit zufriedenstellendem Appetit dem Treber zu Leibe rückt. 100 Hirsche zählt das stolze Rudel, das abends häufig in der Nähe des Biergartens gesichtet wird und verständlicherweise auch regelmäßig die Speisekarte mit Wildgerichten bereichert.

Das „Bräu im Moos"-Bier kommt nicht nur auf die Getränkekarte im eigenen Haus, sondern wird in die weitere Umgebung ausgeliefert und hat selbst in Italien dankbare Abnehmer – und in der Wirtin eine hilfreiche Dolmetscherin. Auch in der Gasthofküche selbst wird Bier vielseitig verwendet. Es veredelt mit Kräuterbiersauce das Schweinefilet oder gibt dem geschmorten Tafelspitz seine würzige Note. Auch Andrea Münch trinkt gerne das eigene Bier. „Besonders gerne direkt aus der Flasche nach dem Abfüllen", lacht sie.

Ausflugstipps

Verschiedene Events im Schloss Tüßling (eines der schönsten Renaissanceschlösser Bayerns) wie die alljährlichen Gartentage, diverse Konzerte und der bekannte Weihnachtsmarkt werden gerne besucht. Rund um Tüßling bieten viele Waldwander- und Radwege Erholung und Ruhe. Man kann aber auch zur „Schwarzen Madonna" in den nahegelegenen Wallfahrtsort Altötting pilgern. Ausflüge nach Mühldorf am Inn und in die Herzogstadt Burghausen können den Aufenthalt im „Bräu im Moos" abwechslungsreich abrunden und der Chiemsee ist auch nur 30 Kilometer entfernt.

Hirschrückensteak in Festbiersauce

4 Steaks von der Hirschlende à 180 g | Salz und Pfeffer | Mehl |
50 g Butterschmalz | 4 Scheiben Schinken (roh oder gekocht) |
1 Zwiebel, klein gewürfelt | je 1 kleines Stück Lauch, Karotte und
Sellerie (in Streifen geschnitten) | ⅛ l Wildfond oder Brühe | ¼ l Festbier |
200 ml Sahne | 1 TL Zitronensaft | 1 TL gehackte Petersilie |
1 EL Schnittlauch | 1 EL süßer Senf

■ Die Steaks leicht salzen, pfeffern und in etwas Mehl wenden.
■ Butterschmalz in einer Pfanne erhitzen und die Steaks von jeder Seite 2 Minuten anbraten. Den Schinken in Streifen schneiden, kurz mitbraten und die Steaks zugedeckt warm stellen. Das vorbereitete Gemüse und die Zwiebelwürfel kurz in der Pfanne anbraten. Fond, Bier und Sahne zugießen. Die Sauce gut einkochen lassen. Zitronensaft, Petersilie, Schnittlauch und Senf zugeben und mit Salz und Pfeffer nochmals abschmecken.
■ Dazu gibt es hausgemachte Spätzle oder Knöpfle und Brokkoli oder ein anderes Gemüse der Saison.

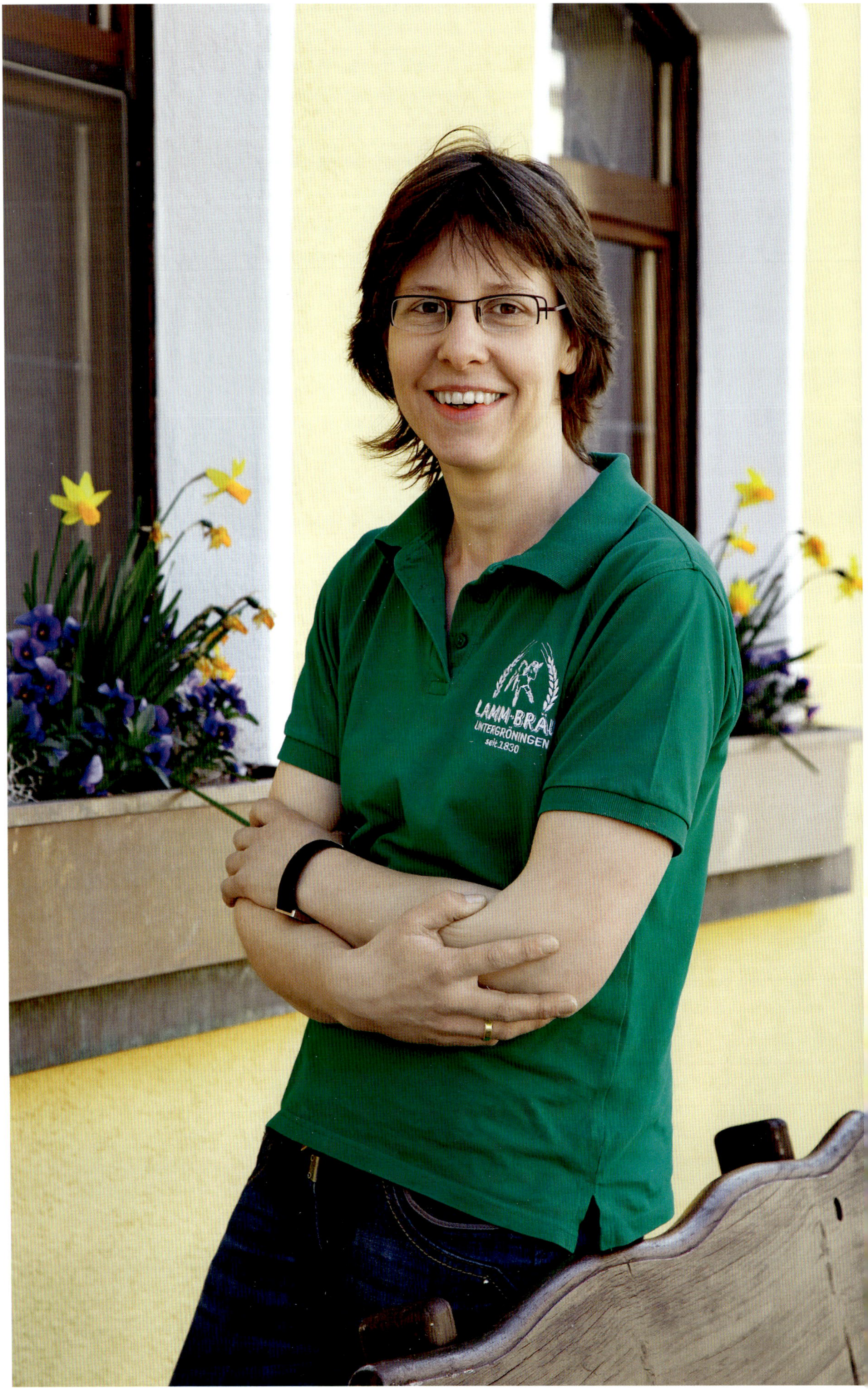
LAMM-BRÄU
UNTERGRÖNINGEN
seit 1830

28
Die Küche am Kocher und der grausige Kocherreiter

Brauereigasthof zum Lamm
Haller Straße 2
73453 Untergröningen

Telefon: 07975/284
Fax: 07975/5378
info@lammbrauerei.de
www.lammbrauerei.de

Öffnungszeiten
Täglich 7–24 Uhr

Wirtin: Annette Hafner
Köche: Thomas Bodner und Florian Mai
Brauerei: Andreas und Heinrich Kunz

Heute ist Maultaschentag. In der „Lamm"-Küche wird Teig ausgerollt, mit Brät und Spinat gefüllt und zu den Klassikern der schwäbischen Küche geformt. Einfaches kann so köstlich sein!

In Untergröningens Brauereigasthof ist Tradition die Grundlage einer ehrlichen Küche, die nicht nur von Einheimischen geschätzt wird, sondern auch die Feriengäste des Kochertals begeistert. Der nicht weit entfernt geborene Fluss durchschleift zwischen hoch aufragenden Bergflanken die Talsohle, um weit im Norden, oberhalb von Heilbronn, in den Neckar zu münden. Hoch über dessen Wassern wacht ein trutziges Schloss über den Ort – Schauplatz für zeitgenössische Kunst und den alljährlich stattfindenden Kunstsommer „KISS".

Zu seinen Füßen wird mit schöner Regelmäßigkeit eine liebgewonnene Wirtshaus-Gewohnheit gepflegt, wenn sich zu Mittag die älteren Herrschaften am runden Stammtisch versammeln. Da wird politisiert, der neueste Tratsch ausgetauscht und dem frisch gezapften Bier in großen Krügen oder Gläsern zugesprochen. Seniorchef Heinrich Kunz ist meist mit von der Partie, und Tochter Annette Hafner sorgt dafür, dass der flüssige Nachschub auch rechtzeitig auf den Tisch kommt. Als Gastgeberin hat sie Wirtsstube und Küche immer im Blick, kümmert sich um die Gäste und schaut schon am Morgen in der Küche nach, ob die Vorbereitungen für den Tag angelaufen sind. Ob der Fond für die Saucen angesetzt

◀ **Die umsichtige Gastgeberin Annette Hafner sorgt dafür, dass die schönen „Lammbräu"- und „Kocherreiter"-Gläser nicht lange leer bleiben.**

Der „Kocherreiter"-Raum ist nach dem allgegenwärtigen Gespenst …

… der Raum „Ambrosius" nach dem ersten Lammwirt, Ambrosius Kunz, benannt.

wird und Kartoffel- wie Krautsalat in Arbeit sind – zwingende Voraussetzung für zufriedene Esser. Schwäbische Köstlichkeiten sind rauf und runter auf der Speisekarte zu finden, von Sauren Nierle über Gaisburger Marsch bis zum Zwiebelrostbraten. Und natürlich werden auch die Brau-Erzeugnisse aufgelistet, für die das „Lammbräu" bei Biertrinkern so hoch im Kurs steht und um die sich Sagen ranken, von der säumigen Magd Appolonia, die dem „Bierappel" seinen Namen gab, bis zum „Kocherreiter Pils". „Unser Malz beziehen wir aus Bamberg und von der Alb", erklärt der Seniorchef und Braumeister, „den feinen Geschmack erhält unser Bier durch Aromahopfen. Weizenbier brauen wir nicht, aber zu bestimmten Jahreszeiten gibt es besondere Sude wie den hellen Osterbock, den dunklen Weihnachtsbock und zu Fasching das Hexenbier." Er erzählt weiter: „Meine Vorfahren hatten früher Holz aus dem Wald geholt und zum Bahnhof geschleift. Gastwirtschaft und Brauerei hatten sie eigentlich nur nebenbei." Schon seit 1830 ist die Familie Kunz, nun in der fünften Generation, im Besitz der Lammbrauerei, Sohn Andreas und der Senior führen sie heute gemeinsam. Der Betrieb wurde mittlerweile modernisiert und auf mehrere Beine gestellt: Zum „Lamm" gehören neben Gasthof und Brauerei auch ein Zeltvertrieb und ein Getränkehandel. „Wenn wir uns nicht neu aufgestellt hätten, gäbe es uns heute nicht mehr", betont Kunz. „Fast alle anderen kleinen Brauereien der Gegend haben nicht überlebt." Und es ist offensichtlich der Zusammenhalt der ganzen Familie, die hier miteinander arbeitet und dem Einkehrer einen herzlichen Aufenthalt beschert.

Der Magen kommt in Stimmung, wenn man zur Speisekarte greift und dort Schweinebäckchen, Bierlammbraten oder Schwäbischer Wurstsalat zum Verzehr locken. Zu „Ebbes Kompletts", einem mit Käse überbackenen Schinkenbrot, wird ein ganz spezieller Trunk serviert, das „Kocherreiter Pils". Das Etikett der Bügelflasche, eine gruselige Gestalt zu Pferd, fordert Er-

Das Glasbild zeigt die Postkutsche und im Vordergrund mit blauer Jacke den früheren Lammwirt Georg Kunz. Das naturtrübe „Bierappel"-Pils und das „Kochrreiter"-Pils verdanken ihre Namen des Sagen aus der Region.

klärung. Die Wirtin lacht: „Dieses Bier ist benannt nach der Sage vom Kocherreiter, der sein Unwesen im Wald beim Kocher treiben soll." Das grausige Wesen trägt seinen Kopf unterm Arm, „aber warnt auch bei Hochwasser", erklärt sie, „und ruft dann: Leut räumet auf, dr Kocher geht raus!"

Ausflugtipps

Das Schloss Untergröningen wurde oben schon erwähnt und ist ein nahes Ausflugsziel. In der Umgebung gibt es weitere Schlösser: Hohenstadt und Laubach, die man auch mit dem Fahrrad auf der „Schlössertour" (42 km) erreichen kann. Das Kochertal bietet reizvolle Rad- und Wanderwege. Für sportliche Gäste bietet der Brauereigasthof eine „Bike-Safari" im Kochertal an, die auf Wunsch mit einer Brauereibesichtigung und Bierprobe beendet werden kann. In etwa 3 Stunden kann man zum Altenbergturm wandern, der eine großartige Aussicht ins Umland bietet.

Das Fensterbild „Der Kocherreiter" stammt vom Glaskünstler Heinz Walzcyk.

Saure Nierle mit Bratkartoffeln

500 g Nieren vom Kalb oder Schwein | 1 Zwiebel, fein gewürfelt | 30 g Butterschmalz | etwas Mehl | ⅛ l herber Rotwein (Trollinger) | ⅛ l Fleischbrühe | gestiftelte Essiggurken | Salz | Pfeffer und Senf | 600 g Pellkartoffeln, am Vortag gekocht | 50 g Butter | 1 Zwiebel, fein gewürfelt | Salz | Pfeffer | Paprikapulver

■ Die Nieren gut waschen, halbieren, putzen und gründlich wässern (mindestens 1 Stunde in mehrmals gewechseltem Wasser). In Scheibchen schneiden. In einer großen Pfanne die Zwiebelwürfel in Butter anschwitzen, die Nierle dazugeben, mit etwas Mehl abstäuben, mit Rotwein ablöschen und mit Brühe auffüllen. Gurkenstifte, Essig, Salz, Pfeffer und Senf nach Geschmack zugeben. Mit Bratkartoffeln servieren.

■ Für die Bratkartoffeln gekochte Kartoffeln schälen und in dünne Scheiben schneiden. Mit den Zwiebelwürfeln in Butter anbraten, mit Salz, Pfeffer und etwas Paprika abschmecken.

Sie sorgen für das leibliche Wohl der Gäste: Florian Mai mit der Spezialität des Hauses, den „Sauren Nierle", und im Hintergrund Thomas Bodner.

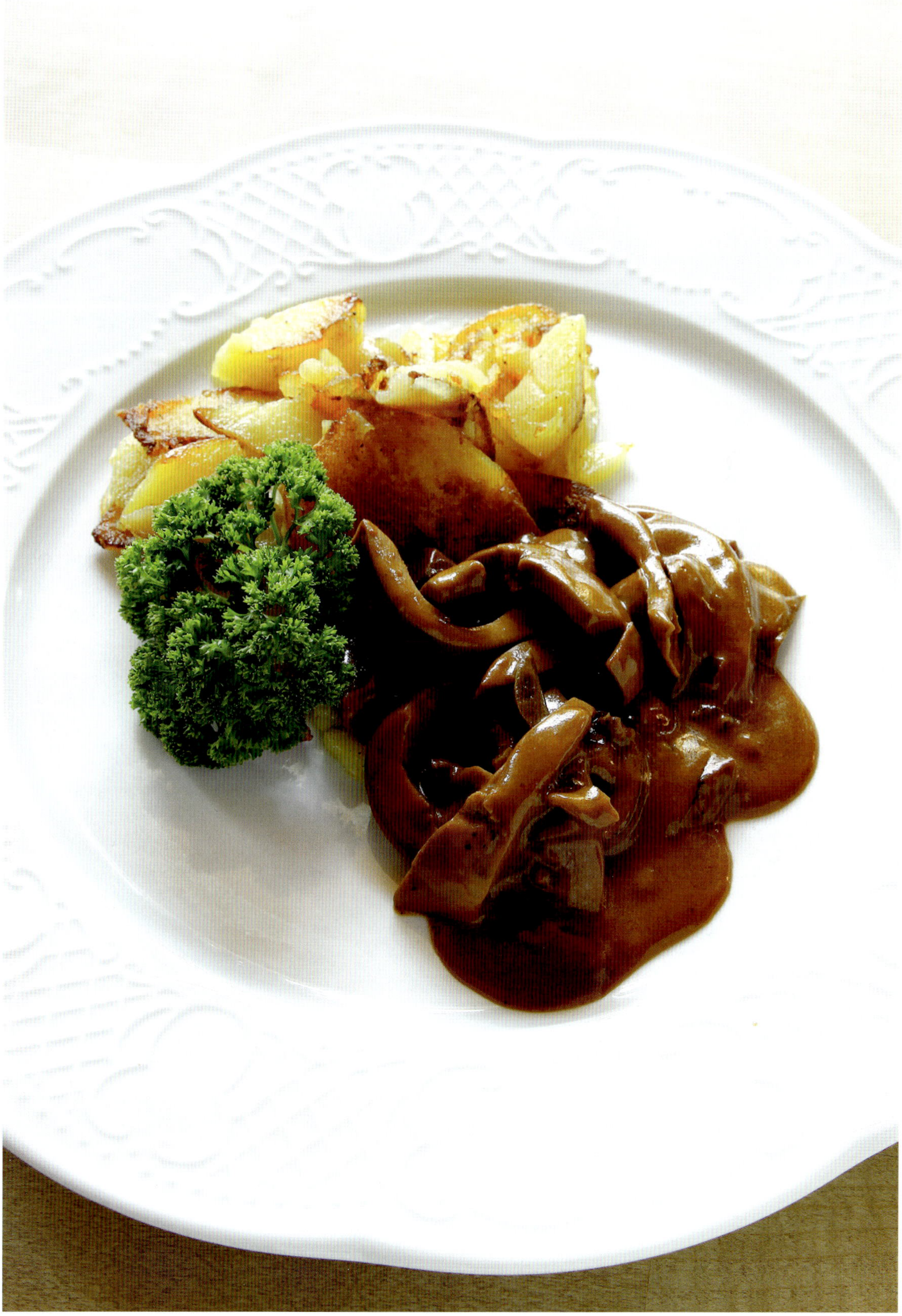

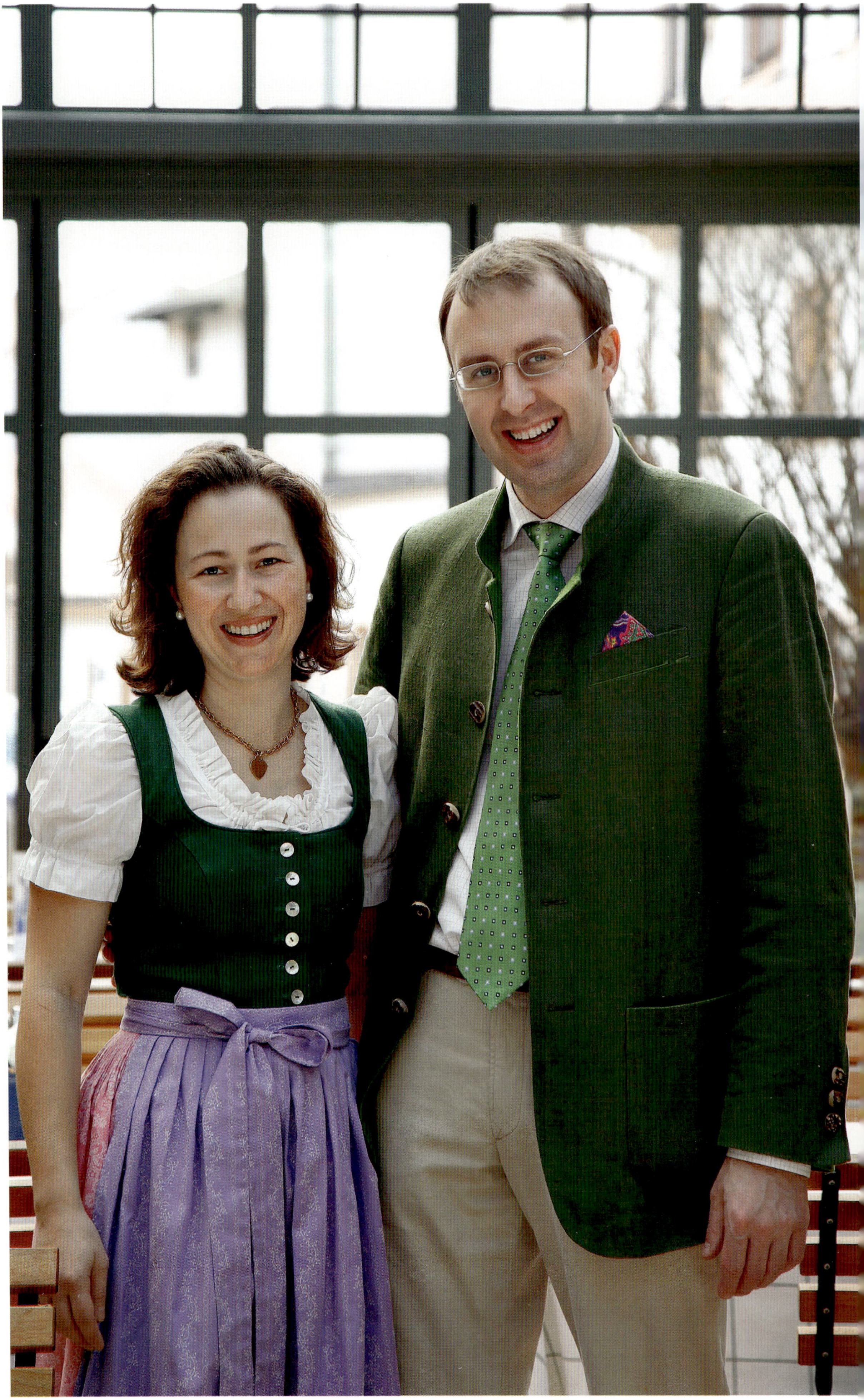

29
Wellness für Leib und Magen

Wirte: Karin und Georg Böhm, Gabi und
Hanns Konrad Winkler
Braumeister: Hanns Konrad Winkler, Georg Böhm
Küchenchef: Georg Böhm

Winkler Bräustüberl
St-Martin-Straße 6
92355 Velburg-Lengenfeld

Telefon: 09182/170
Fax: 09182/17110
info@winkler-braeu.de
www.winkler-braeu.de

Küchenzeiten
Montag bis Samstag 11.30–14.30 Uhr und 17.00–21.00 Uhr (im Sommer 21.30 Uhr)
Sonn- und Feiertage 11.30–14.30 Uhr und 17.00–20.30 Uhr

Lassen wir uns verführen zu einer kulinarischen Soirée unterm nächtlichen Himmel der Oberpfalz. Kleine Lichtinseln heben leinengedeckte Tische aus gedämpfter Dunkelheit hervor, ein Glasdach wölbt sich weit über den Innenhof des Winkler Bräus.

Eine freundliche Bedienung in grünem Dirndl bringt die flüssige Spezialität des Hauses. Süffig rinnt das feinmalzige „Kupfer Spezial" die Kehle hinunter. Das würzige Aroma spendet Hopfen aus der Hallertau und Spalt, das Wasser die Quellen des Juragesteins. Den Auftakt zum delikaten Menü macht ein Carpaccio vom Oberpfälzer Rind. Zarte Scheiben, leicht mariniert, mit herrlich frischem Fleischgeschmack. Beim nächsten Gang verwöhnt eine saftig geschmorte Lammschulter vom Juradistl-Lamm den Gaumen mit Aromen von wilden Kräutern, das mürbe Fleisch fällt fast von der Gabel und zergeht bei minimaler Kaubewegung im Mund. Die wolligen Lieferanten dieser Delikatesse genießen ihr relativ kurzes, aber glückliches Leben auf den Wiesen und Wacholderheiden der noch weitgehend naturbelassenen Umgebung. Im Talgrund der Schwarzen Laber sprießt bunte Pflanzenvielfalt, an ihren Hängen wachsen Kräuter und Silberdisteln, die den Lämmern ihren Namen geben. „Die Jurahänge würden ja alle zuwuchern, wenn es diese Schafherden nicht gäbe", erklärt Georg Böhm. Seine Küche ist ausgesprochen bodenständig, zollt jedoch auch der Neuzeit den nötigen Tribut, indem er die Qualitäten eines wertvollen Stückes Oberpfälzer Rotviehs mal nicht verkocht, sondern roh, unverfälscht und

Die „Tillystube" im historischen Bräustüberl

◀ Die Gastgeber Karin und Georg Böhm haben die Regie und die gastfreundliche Herzlichkeit von Gabi und Hanns Konrad Winkler übernommen.

Ein Blick in die „Winkler-Bräu"-Küche und der Nachwuchs (Julius, Anastasia und Philomena Böhm) genießt erfrischende Säfte im Wirtsgarten.

dünn aufgeschnitten serviert. Man registriert mit Beifall, wie hier in ländlicher Umgebung die Moderne angekommen ist, ohne die Tradition aus den Augen zu verlieren. Der 36-jährige Gastronom ist in Küchendingen ein absoluter Profi und hat in vielen namhaften Sternerestaurants seine Kochkunst perfektioniert. Heute jedoch ist er als Gastgeber häufig bei den Gästen zu finden. Wenn aber Not am Mann ist, dann bindet er sich schnell die Schürze um und stellt sich an den Herd. Seine Frau Karin, eine diplomierte Geografin, unterstützt ihn tatkräftig – wenn sie nicht gerade von ihren drei Kindern in Anspruch genommen wird – und sorgt via Internet und Werbung für ein gefülltes Haus.

Übers Jahr kommen all jene Leckerbissen zu Tisch, die mit hausgebrautem „Winkler"-Bier und dem reichhaltigen Angebot der Region verbunden sind. Der April bringt Spargel aus Abensberg, der Sommer leichte Küche mit Gartensalaten. In der „Wald- und Wiesenzeit" stehen Schwammerl, Wildschwein & Co auf der Karte, für die auch Böhm ab und zu die Flinte schultert. Wenn sich dann im Oktober die Reiter für den alljährlichen Martiniritt versammeln, wird in den Gaststuben „Martini-Bier" ausgeschenkt und dampfende Schüsseln mit ofenfrischem Gänsebraten aufgetragen.

Hinter dem verniedlichenden Namen „Bräustüberl" verbirgt sich ein eindrucksvoll großes Anwesen. Gemütliche Stuben und Tagungsräume im oberpfälzisch-rustikalen Stil, Gutshofzimmer mit Bädern aus

Die Hubertusstube mit offenem Kamin

Juramarmor und ein Wohlfühlbereich für Schwimmen und Schwitzen verwöhnen in diesen Tagen den Gast. Seine Geschichte aber reicht fast 600 Jahre zurück und war schon immer mit Bier und Brauerei verbunden. Den Namen Winkler tragen heute noch Gabi und Hanns Konrad Winkler, die vor einigen Jahren die Regie an das junge Ehepaar Böhm übergeben haben, aber immer noch als Seniorpartner die familiäre Atmosphäre des Hauses mitbestimmen. Braumeister Hanns-Konrad Winkler zeichnet nach wie vor für süffiges Bier verantwortlich und seine Frau kümmert sich um den Service oder heißt die Gäste an der Rezeption des Gutshofhotels willkommen. Die gastfreundliche Herzlichkeit, für die das „Winkler Bräustüberl" weithin bekannt ist, hat sich auch auf die Nachfolger übertragen. Karin und Georg Böhm offerieren ein geschmackvoll geschnürtes Päckchen Wellness für Leib und Magen.

Ausflugstipps

Hier wird Naturschutz großgeschrieben. Juradistl ist eine Naturschutzmarke, das spürt man auf Schritt und Tritt: Im Talgrund der Schwarzen Laber verbirgt sich nahezu unberührte Natur. Aber auch an den Talflanken laden Wacholderheiden zum Wandern oder Spazierengehen ein. Für Fahrradtouren gibt es abwechslungsreiche Ziele, z. B. die König-Otto-Tropfsteinhöhle. Weitere Touren auf zwei oder vier Rädern führen durchs Tal der Schwarzen Laber nach Regensburg, ins Altmühltal oder ins barocke Eichstätt.

Aus dem glasüberdachten Wirtsgarten geht der Blick ins Hofgeviert. Auch hier ist an das Wohl der Gäste gedacht: An heißen Sommertagen lässt sich das Dach öffnen.

Geschmortes Juradistl-Lamm mit Gemüse aus dem Knoblauchsland und Kartoffelgratin

1,2 kg Lammschulter, ausgelöst | Salz | Pfeffer | 100 g Wurzelgemüse (Sellerie, Lauch, Zwiebeln, Karotten) | 5 Schalotten | 1 Knoblauchzehe | 1 Zweig Thymian | 2 EL Pflanzenöl | 40–50 g kalte Butterwürfel
Ca. 1 kg junges Gemüse nach Wahl und Saison (Romanesco, Karotten Zucchini, grüner Spargel, Frühlingslauch) | 2–3 EL Olivenöl | Salz und Pfeffer | 1 kg Kartoffeln | 25 g Butter | ¼ l Sahne | Salz | Pfeffer | Muskat

■ Die Lammschulter mit Salz und Pfeffer aus der Mühle würzen. Das Wurzelgemüse putzen und kleinwürfelig schneiden, Schalotten und Knoblauch sehr fein würfeln.
■ Das Pflanzenöl in einem Topf erhitzen, die Lammschulter darin goldbraun anbraten. Die Gemüse- und Schalottenwürfel sowie den Knoblauch zugeben und mitbraten. Mit Lammfond ablöschen, Thymianzweig zugeben und im geschlossenen Topf bei 170 °C ca. 1¼ Stunden, bei Bedarf noch etwas länger, schmoren. Die weiche Lammschulter aus dem Topf nehmen, die Sauce durch ein Sieb

passieren, dabei das Gemüse gut ausdrücken. Gegebenenfalls noch etwas einkochen lassen und mit eiskalten Butterwürfeln binden.

■ Für das Gemüse den Romanesco in Röschen zupfen, Karotten und Zucchini in Stäbe schneiden und in kochendem Salzwasser blanchieren. Den grünen Spargel nur unten (ca. $1/3$) schälen und ebenfalls blanchieren. Das Olivenöl in einer Pfanne erhitzen und das Gemüse leicht anbraten, mit Salz und Pfeffer würzen

■ Für das Kartoffelgratin dic Kartoffeln schälen und in feine Scheiben schneiden. Eine Auflaufform ausbuttern und die Kartoffelscheiben einschichten. Die Sahne erhitzen und mit Salz, Pfeffer und geriebener Muskatnuss kräftig würzen, über die Kartoffelscheiben gießen und im Ofen bei 200 °C 1–1½ Stunden garen.

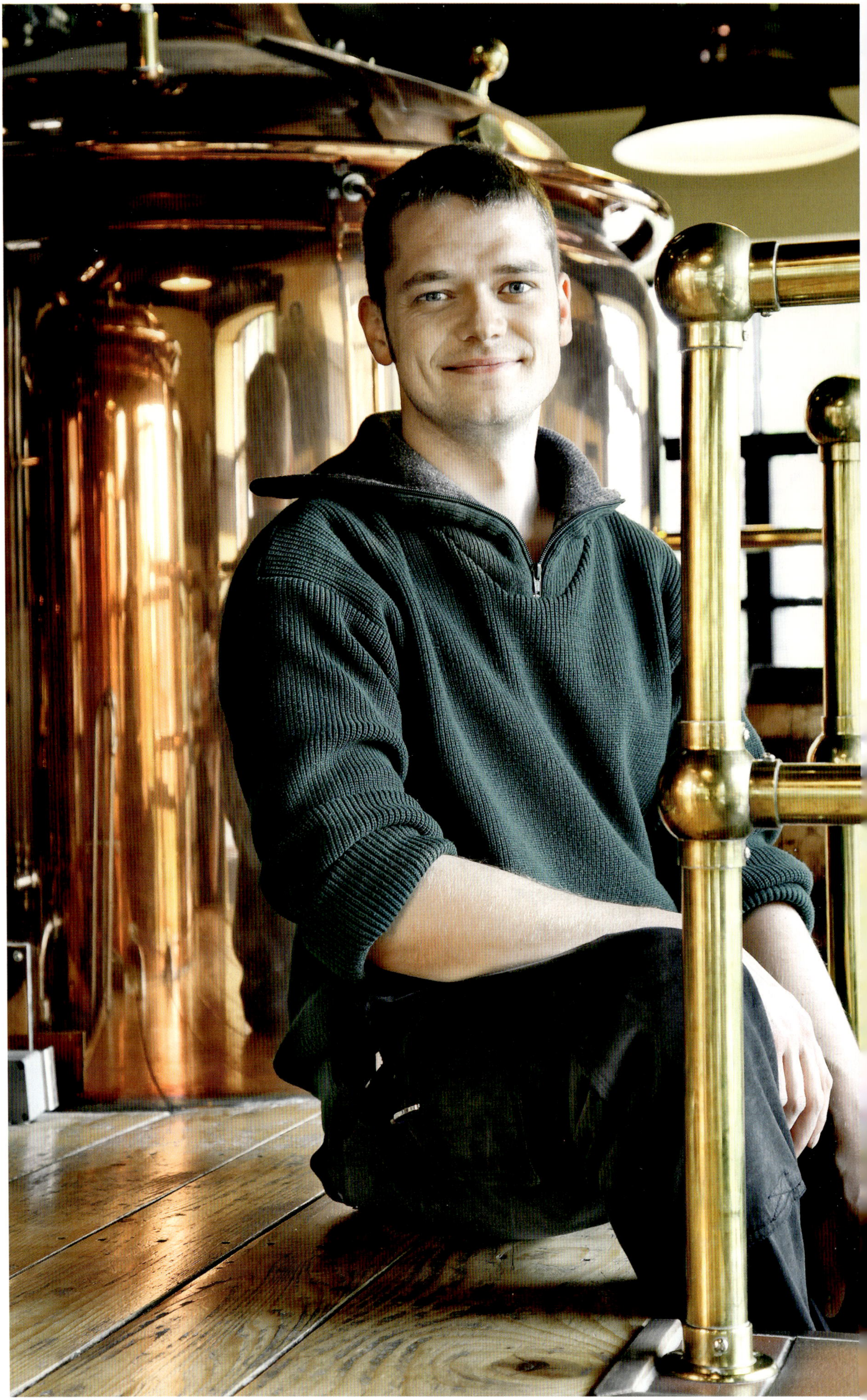

30
Wo die Auerochsen grasen

Restaurantleiter: Detlef Hofmann
Braumeister: Daniel Schmidt
Küchenchef: Mario Hammer

Vielanker Brauhaus
Lindenplatz 1
19303 Vielank

Telefon: 038759/33588
Fax: 038759/33590
info@vielanker-brauhaus.de
www.vielanker-brauhaus.de

Öffnungszeiten
Montag–Sonntag 8.00–24.00Uhr
Küche Sonntag–Donnerstag
11.00–21.30 Uhr
Freitag–Samstag 11.00–
22.30 Uhr

Leise hebt sich der Nebel und schemenhaft werden die Umrisse mächtiger Bäume auf der Wiese sichtbar, in der Ferne tuckert ein Traktor vorbei – Morgendämmerung in Vielank.

Wohliges Erwachen in einem stilvoll eingerichteten Gästezimmer mit Landluft-Flair. Der Ort erholsamer Nachtruhe ist das Gästedomizil des Vielanker Brauhauses im 500-Seelen-Dorf Vielank nahe der Elbe. Alleebäume säumen die Straßen der „Griesen Gegend" und flaches Weideland prägt die Landschaft.

Der Abend zuvor war den Verlockungen des urigen Brauhauses gewidmet, die da in vollen Krügen und üppig bestellten Tellern zu Tisch kamen. Kupferglänzende Braukessel ragen unter die Decke. Den erwartungsfrohen Gast begrüßt Restaurantleiter Detlef Hofmann mit einer Speisekarte, die all jene schmackhaften Klassiker bereithält, die man in einer Braugaststätte zum süffigen Bier vorzufinden hofft: Gegrillte Schweinshaxe oder hausmarinierte Schweinerippchen.

Den Gewässern der Gegend zollt Küchenchef Mario Hammer Tribut mit Flunder, Barsch und Saibling und ein wuchtiger Steinbackofen inmitten der holzmächtigen Gaststube gibt den Hintergrund fürs Backzeremoniell der hier äußerst beliebten Flammkuchen. Sorgfältig wird vom Koch der Teig zu dünnen Fladen ausgewellt, und nun – je nach Lust und Wunsch des Gastes – mit Herzhaftem, Fischigem oder mit Apfelscheiben und Zimt veredelt. So aufgepeppt wandert der Fladen in den Ofen und erfährt dort bei 350 Grad seine knusprige Vollendung. Das jeweilig passende

Leise hebt sich der Nebel.

◀ **Braumeister Daniel Schmidt findet in Vielank ideale Voraussetzungen.**

Bier – ob zu salziger oder süßer Speise – kommt frisch gezapft direkt aus dem Bierkeller.

Das kulinarische Spektrum weist noch eine seltene Spezialität auf, die man nicht hinter jedem Wirtshausschild findet. Unweit der beschaulichen Ortschaft grasen mit ausladenden Hörnern bewehrte Auerochsen auf der Weide. Eine stolze Herde von 166 Tieren steht hier sommers wie winters in Wind und Wetter. Sie zieren nicht nur das Etikett der Vielanker Bierflaschen, sondern finden auch in der Brauhausküche und in Wurstwaren wohlfeile Verwendung. Um den Ochsen noch näher zu kommen, sei die Auerochsen-Safari inklusive Picknick empfohlen.

Aus Liebe zur Heimat seines mittlerweile verstorbenen Vaters hatte Inhaber Kai Hagen vor über zehn Jahren eines der ältesten Gebäude in dessen Geburtsort erworben. Zu DDR-Zeiten hatte die Familie Vielank verlassen müssen und seither in Düsseldorf gelebt. Doch nach der Wende sah Sohn Kai die Chance, in Vielank wieder ein Projekt zu starten. Sein Traum: eine kleine Brauerei. Denn es musste schon etwas Besonderes sein, um auf dem flachen Land überleben zu können. Das nötige Kapital war vorhanden: Die Patente des allseits bekannten Wasserstopps für Waschmaschinen hatten den erfindungsreichen Vater zum wohlhabenden Unternehmer gemacht. Im Mai 2002 war es schließlich soweit: Pünktlich zu Christi Himmelfahrt öffnete das Brauhaus seine Türen zu Sudkesseln und Gaststube. Es war vom Start weg ein großer Erfolg.

Veranstaltungen mit Livemusik und Biker-Treffs gehören heute fest zum Kalenderprogramm. Fürs Bier standen die Gäste bald Schlange, um sich die Milchkannen mit dem köstlichen Nass für daheim füllen zu lassen. Binnen kurzer Zeit musste daher die Braukapazität aufgestockt werden, um die große Nachfrage zu befriedigen – Bügelflaschen haben mittlerweile die Milchkannen ersetzt.

Damit das Bier auch immer reichlich fließe, braut Daniel

An der Theke werden regelmäßig Pils, Dunkel, Schwarzbier und Weizen gezapft. Je nach Saison gibt es noch Spezialbiere.

Schmidt regelmäßig Pils, Dunkel, Schwarzbier und Weizen – naturbelassen und unfiltriert. Saisonal kommen dann noch Mai- und Winterbock hinzu sowie zum Oktoberfest das Festbier. Der Braumeister erklärt: „Wir haben fürs Brauen ideale Voraussetzungen, unser Wasser kommt aus 80 Meter Tiefe aus drei eigenen Brunnen." Als vor vier Jahren in Vielank ein Braumeister gesucht wurde, hatte er gerade frisch sein Diplom in der Tasche – und erhielt die Stelle. Voller Begeisterung beschreibt er, was ihn an diesem Beruf so fasziniert: „Routine gibt es bei uns nicht, jeder Tag ist anders und morgens weiß ich noch nicht, wie der Tag ausgeht. Der Prozess des Brauens ist unheimlich komplex und spannend, die biochemischen Vorgänge sind vielfältig. Überall kann ich eingreifen – vom Maischen übers Kochen bis hin zur Gärung." Man hört ihm gerne zu – auch in seinen Brauseminaren – und schon

In Vielank entstehen auch hervorragende Destillate. Auf seinen Whisky, gereift in Bourbon Eichenfässern aus Tennessee, ist Brennmeister Henry Schwerk besonders stolz.

wird beim nächsten Schluck Bier die Nase aktiv und der Gaumen sensibel, um nachzuspüren, was dieses Getränk mehr zu bieten hat, als nur den Durst zu löschen. „Richtig gutes Bier zum Essen steht keinem Wein nach", fügt er noch hinzu. Wenn Schmidt mal nicht im Brauhaus steht, „denke ich übers Brauen nach", sagt er lachend, „oder ich sitze am Wasser mit der Angel. Da kann ich so richtig schön runterkommen."

Ausflugsziele

Neben der bereits erwähnten Auerochsen-Safari bietet eine Kremserfahrt über Land mit Besuch einer Töpferei erholsame Abwechslung, ebenso wie geführte Wanderungen in den Schmölener Wanderdünen oder eine Schiffstour auf der Elbe. In Dömitz gibt es einen Hafen, einen Kletterpark, Schloss Ludwigslust oder das Gut Schochow sind lohnende Ziele und Schwerin ist immer einen Tagesausflug wert.

In der geräumigen Gaststube des urigen Brauhauses können die erwartungsfrohen Gäste an blank gescheuerten Holztischen Platz nehmen.

Rippchen in Dunkelbiermarinade

1–1,2 kg Rippchen (Spareribs) | portionsweise geteilt

Marinade   2 Chilischoten, mittelscharf | 3 Knoblauchzehen | 10 g Salz | 1–2 TL Majoran oder Oregano, frisch oder getrocknet | 60 ml Rapsöl | 1 EL Sojasauce | ½ Flasche Vielanker Dunkelbier

Pinselsauce   ½ Flasche Tomatenketchup | 100 g Honig | 1 TL Weißweinessig | 2 Chilischoten und 1 Knoblauchzehe, fein gehackt | 1 TL schwarzer Pfeffer, frisch gemahlen | 2 EL Salz | 50 ml Tabascosauce | 100 ml Vielanker Dunkel

■ Die Chilis entkernen und hacken, Knoblauchzehen schälen und fein hacken oder durch die Presse drücken. Alle Zutaten für die Marinade gut verrühren, zuletzt das Bier untermischen. Die Rippchen in dieser Marinade einen Tag ziehen lassen.
■ Die Zutaten für die Pinselsauce gut vermischen.
■ Die abgetropften Rippchen im vorgeheizten Backofen (Fettpfanne) bei niedriger Hitze (ca 150 °C) ca. 45 Minuten braten, dann mit der Pinselsauce bestreichen und weiterbraten, bis die Rippchen außen knusprig sind und sich das Fleisch von den Knochen löst.
■ Dazu passen dick geschnittene Pommes frites und ein Kräuter-Quark-Dip.

Rezepte von A bis Z

Wenn nicht anders vermerkt, sind die Rezepte für 4 Personen berechnet.

A

Apfelauflauf (Ofenschlupfer) 161
Apfelspalten, glaciert 121
Aufseßer Bachsaibling „Müllerin Art" 24

B

Bachsaibling „Müllerin Art" mit Malzkartoffeln 24
Beerenröster 109
Bierhaxe auf „Heißem Kraut" mit Bratkartoffeln und Landbiersauce 114
Bierrahmsauce 72
Biertreber-Roli, gefüllt 12
Bierwhisky-Rahmsauce 160
Bodenseefelchen mit Spargel 155
Bohneneintopf 36
Bouillabaisse, Weißbier- 91
Bratkartoffeln 42, 114, 170
Breznknödel 66
Brotsalat, Drossenfelder 102

C

Chäschüechli 133
Crème Brûlée, Dunkelbier- 85

D

Drossenfelder Brotsalat 102
Dunkelbier-Crème Brûlée 85

F

Filets im Sudpfännle 120
Forellen, in Butter gebraten, mit Tomatengemüse, Weißweinsauce und Schlosskartoffeln 49

G

Gemüse, gemischt 177
Gurkensuppe, kalt, mit gartenfrischem Dill, Leinöl und Lachstatar 139

H

Habelseeer Lachsforelle mit Kartoffelplätzchen und Lauchgemüse 144
Hirschrückensteak in Festbiersauce 165

J

Juradistl-Lamm, geschmort, mit Gemüse aus dem Knoblauchland und Kartoffelgratin 176

K

Kalbsfilet mit Süßkartoffeln und Sprossensalat 150
Kalbslendchen auf Zwiebel-Champignons mit Kirschtomaten 79
Karottenflan 72
Kartoffelbaggers 72
Kartoffel-Lauch-Ragout 108
Kartoffelplätzchen 144
Käse-Torteletts (Chäschüechli) 133

L

Labskaus nach friesischer Art 55
Lachsfilet auf gemalztem Risotto 126
Lachstatar 139
Lammschulter, geschmort, mit Gemüse und Kartoffelgratin 176
Landbiersauce 114
Lauchgemüse 144

M

Malzbierdressing 126
Malzkartoffeln 24
Marinade, Dunkelbier-, für Rippchen 183
Mascarponecrème 109

N

Nierle, sauer 170

O

Ofenschlupfer, Weißbier- 161

P

Pinselsauce für Rippchen 183
Postwirt's Dunkel Haxen (PWD-Haxe) 96

R

Rappenauer Sudpfännle mit Schupfnudeln 120
Ravioli mit Biertreber-Füllung 12
Rehragout in feiner Bierwhisky-Rahmsauce mit hausgemachten Spätzle 160
Rindsbacken, geschmort in „Franz Anton Schäffler Triple" 84
Rippchen in Dunkelbiermarinade 183
Risotte, gemalzt 126
Rottaler Schweinelende mit Malzkruste auf Kartoffel-Lauch-Ragout und grünem Spargel 108

S

Sabayon, Weißbier- 121
Sauerkraut 42, 114
Saure Nierle mit Bratkartoffeln 170
Schaufelbraten auf Sauerkraut mit Bratkartoffeln 42
Schlosskartoffeln
Schupfnudeln 120
Schwarzbiersabayon mit marinierten Erdbeeren und Mango 19
Schweinebäckle, in Zunfttratbier geschmort, mit Breznknödeln 66
Schweinefilet, gefüllt, mit Karottenflan und Kartoffelbaggers 72
Schweinelende mit Malzkruste 108
Schweinshaxen 96
Senfsauce 144
Spareribs in Dunkelbiermariande 183
Spargel nach Fischers Fritz 155
Spätzle, hausgemacht 160
Sprossensalat 151
Sudpfännle 120
Süßkartoffelragout 150

T

Tomatengemüse 49

V

Vanillesauce 161

W

Weißbieramisu mit Beerenröster 109
Weißbierbouillabaisse 91
Weißbier-Ofenschlupfer mit Vanillesauce 161
Weißbier-Sabayon mit glacierten Apfelspalten 121
Weißwurstsalat mit Weizenbier-Senf-Dressing 60
Weizenbierkonfiertes Lachsfilet auf gemalzten Risotto mit Wildkräutersalaten 126
Wilderer Topf 30
Wildkräutersalate in Malzbierdressing 126

Chris Meier, erfolgreicher Foodfotograf und Autor, setzte Maßstäbe mit außergewöhnlichen kulinarischen Bildbänden wie „Mythos Barolo", „Weinmacher in Württemberg", „Kulinarische Reiseskizzen" aus Piemont, Sizilien und der Karibik und „Sizilien – Kulinarische Reiseskizzen", die zum Teil mit Silber- und Goldmedaillen der Gastronomischen Akademie Deutschlands ausgezeichnet wurden. „Mythos Barolo" war außerdem „Winner", das beste Weinbuch im „Gourmand World Cookbook Award" zur Jahrtausendwende. Chris Meier beschreibt nicht nur die Produkte und Rezepte, sondern immer auch die Menschen, die dahinter stehen. Er schätzt nicht nur edle Weine, sondern genießt mit großem Vergnügen die Vielfalt des Gerstensafts, zumal er aus einer Familie mit alter Brautradition stammt, und er liebt eine ehrliche Küche mit regionalen Spezialitäten, wie sie im vorliegenden Buch beschrieben wird.

ISBN 978-3-7750-0629-3

© 2012 Walter Hädecke Verlag, D-71263 Weil der Stadt
www.haedecke-verlag.de
4 3 2 1 | 2015 2014 2013 2012

Alle Rechte vorbehalten, insbesondere die der Übersetzung, der Übertragung durch Bild- und Tonträger, der Speicherung und Verbreitung in Datensystemen, der Fotokopie oder Reproduktion durch andere Vervielfältigungssysteme, des Vortrags und der fotomechanischen Wiedergabe. Nachdruck, auch auszugsweise, nur mit Genehmigung des Verlages.

Fotos: Chris Meier/BFF, Stuttgart, mit Ausnahme der Abbildungen auf Seite 47 (Archiv des Brauereigasthofs Schneider), Seite 97 (Archiv des Brauerei-Gasthofs Hotel Post), Seite 125 oben (Archiv Ringhotel „Der Waldkater"), Seite 158 (Fotograf Oliver Rautenberg).
Deutschlandkarte auf Seite 6 © shutterstock.com/Richard Laschon

Lektorat: Monika Graff
Layout und Satz: BUCHFLINK Rüdiger Wagner, Nördlingen
Gesetzt in der Helvetica und Rotation
Reproduktion: LUP AG, Köln
Printed in EU 2012